Joseph Prince

Gnadenzusagen für Väter

JOSEPH PRINCE

GNADEN-ZUSAGEN FÜR *Väter*

Grace today VERLAG

Die englische Originalausgabe erschien im Verlag 22 Media Pte. Ltd. unter dem Titel *Grace Promises for Dads*. Copyright © 2017 by Joseph Prince. Published by arrangement with 22 Media Pte. Ltd., www.josephprince.com.

Die Deutsche Nationalbibliothek verzeichnet diese Publikation in der Deutschen Nationalbibliografie; detaillierte bibliografische Daten sind im Internet über http://dnb.de abrufbar.

Bibelzitate, sofern nicht anders angegeben, wurden der »Neues Leben Bibel« entnommen. Copyright © 2006, SCM R. Brockhaus im SCM-Verlag GmbH & Co. KG, Witten. Alle Rechte vorbehalten. Alle Bibelübersetzungen wurden mit freundlicher Genehmigung der Verlage verwendet.

AMP *Amplified Bible*, © 1987 The Lockman Foundation, www.lockman.org
ELB *Revidierte Elberfelder Bibel*, © 2006 SCM R.Brockhaus, Witten.
EÜ *Einheitsübersetzung*, © 1980 Kath. Bibelanstalt GmbH, Stuttgart.
GNB *Gute Nachricht Bibel*, © 2000 Deutsche Bibelgesellschaft, Stuttgart
HFA *Hoffnung für alle* © by Biblica, Inc.®, hrsg. von Fontis.
KJV *King James Version*.
LUT *Lutherbibel* 1984, © 1999 Deutsche Bibelgesellschaft, Stuttgart.
MSG *The Message*, © by Eugene H. Peterson 2002. NavPress Publishing Group.
NEÜ *Neue evangelistische Übersetzung*, © Karl-Heinz Vanheiden.
NGÜ *Neue Genfer Übersetzung*, © 2011 Genfer Bibelgesellschaft.
NKJV *New King James Version*, © 1982 by Thomas Nelson, Inc.
NLT *New Living Translation*, © 2007 by Tyndale House Foundation.
SLT *Bibeltext der Schlachter*, © 2000 Genfer Bibelgesellschaft.

Umschlaggestaltung und Foto: © 22 Media Pte. Ltd.
Corporate Design: spoon design, Olaf Johannson
Übersetzung: Sonja Yeo
Lektorat: Gabriele Kohlmann
Satz: Grace today Verlag
Druck: CPI – Clausen & Bosse, Leck
Printed in Germany

1. Auflage 2024

Paperback: ISBN 978-3-95933-266-8, Bestellnummer 372266
E-Book: ISBN 978-3-95933-267-5, Bestellnummer 372267

www.gracetoday.de

Inhalt

Einleitung

Wie Pfeile in der Hand eines starken Mannes, so sind Kinder, die man in jungen Jahren bekommen hat. Glücklich zu nennen ist der Mensch, der einen vollen Köcher davon hat!

PSALM 127,4–5 NGÜ

Früher haben sich die Mütter um die Kinder gekümmert, während die Väter damit beschäftigt waren, die Brötchen zu verdienen. So ist es natürlich nicht mehr. Heute sind auch die Väter sehr geschickt darin, den Kleinen die Windeln zu wechseln und ihnen die Milch in der richtigen Menge und Temperatur zu geben!

Heute wissen wir, dass Väter bei der Erziehung ihrer Kinder eine ebenso wichtige Rolle spielen wie die Mütter. Die väterliche Beteiligung ist für die kognitive, soziale und emotionale Entwicklung des Kindes nicht weniger bedeutsam.

Es überrascht also nicht, dass die Bibel Vätern viel zu sagen hat. Väter sollen ihren Kindern Gottes Wort beibringen, mitfühlend sein und sie – wenn nötig – zurechtweisen (siehe 5Mo 6,7; Ps 103,13; Spr 29,17). Väter sollen ihre Kinder so erziehen, dass die Kinder immer wissen, wie sie auf dem richtigen Weg bleiben können (siehe Spr 22,6).

Das klingt nach viel Verantwortung.

Als Vater weiß ich aus eigener Erfahrung, dass das Vatersein mit vielen neuen Herausforderungen und Verpflichtungen verbunden ist. Und als Familienoberhäupter (und echte Kerle, als die wir gern gesehen werden möchten) können wir den Fehler machen, all diese Dinge selbst schultern zu wollen.

Wenn es jemals einen echten Mann gegeben hat, dann war das unser Herr Jesus. Und obwohl er cool und stark war, nahm er sich oft Zeit, um zu beten und aufzutanken (siehe Lk 5,16). Es wird gesagt, dass die öffentlich wahrnehmbare Stärke eines Mannes aus den privaten Zeiten der Schwäche kommt, die er in der Gegenwart des Herrn verbracht hat. Gottes Kraft kommt in unseren Schwächen zur vollen Entfaltung (siehe 2Kor 12,9).

Darum habe ich dieses Buch geschrieben – um dir zu helfen, jeden Tag Zeit in Gottes Wort und seiner Gegenwart zu verbringen und dabei aufzutanken. Wenn es hart auf hart kommt, kommen die Harten zu Jesus, um dort Ruhe, Kraft und Weisheit zu empfangen. Schau täglich in dieses Buch, um die Liebe und das Wort des Herrn für dich zu erkennen. Jede Gnadenzusage versorgt dein Herz mit Glauben für den jeweiligen Tag und für das, was er mit sich bringt.

Und wenn du lieber am Abend hineinschaust, dann lass dir durch die Worte Gottes Schalom-Frieden für eine gute Nachtruhe bringen.

Kinder zu erziehen mag seine Herausforderungen haben, doch gemeinsam mit Gott angegangen, wird es auch mit viel Freude und zahlreichen kostbaren Erinnerungen verbunden sein. Sein Wort sagt: »Glücklich zu nennen ist der Mensch, der einen vollen Köcher davon hat!« Ich bete, dass du durch das Lesen von Gnadenzusagen für Väter nicht nur den Glauben und die Weisheit bekommst, um gottesfürchtige Helden aufzuziehen, sondern dass du das Vatersein auch zutiefst genießen wirst, indem du die vielfältige Gnade, Gunst und Versorgung empfängst, die der Herr für dich hat.

In der Liebe Gottes

ZUSAGE 1

GOTT LIEBT MICH

Gottes Zusagen an mich

Denn so [sehr] hat Gott die Welt geliebt,
dass er seinen eingeborenen Sohn gab,
damit jeder, der an ihn glaubt, nicht
verlorengeht, sondern ewiges Leben hat.

JOHANNES 3,16 SLT

Mit ewiger Liebe habe ich dich geliebt; darum habe
ich dich zu mir gezogen aus lauter Gnade.

JEREMIA 31,3 SLT

Wir lieben, weil er uns zuerst geliebt hat.

1. JOHANNES 4,19 ELB

Ein Wort der Ermutigung an mich

Beim Vatersein geht es ums Lieben und Geben. Und obwohl es große Freude bereitet, ist es oft auch mit Aufopferung verbunden. Woher sollen wir die Kraft nehmen zu lieben, wenn wir nicht zuerst Liebe für uns selbst erfahren haben? Gottes Wort sagt uns, dass wir lieben, *weil Gott uns zuerst geliebt hat.*

Ihr Väter, ihr könnt eure Kinder nicht wirksam erziehen, wenn euer Liebestank leer ist. Doch je mehr ihr ihn auffüllt, indem ihr von Gottes Liebe zu euch hört, desto mehr werdet ihr Gott und eure Mitmenschen lieben können – einschließlich eurer Kinder in allen ihren Lebensphasen.

Nur wenn du verstehst, wie sehr der Herr Jesus dich liebt und dass er sich für dich hingegeben hat (und wenn du diese Liebe aktiv für dich annimmst), kannst du seine überfließende Liebe zu dir auch in deine Familie und andere Menschen hineinquellen lassen.

Mein Freund, um deine Familie wirksam und zugleich mühelos lieben zu können, konzentriere dich tagtäglich auf den Herrn und seine persönliche Liebe zu dir. Genieße seine Gunst. Dann wirst du alle Stärke und Liebe haben, die du brauchst, um deine Familie auf ganz praktische Weise zu lieben!

Das spreche ich im Glauben aus

Mein Herr Jesus liebt mich so sehr, dass er sich für mich hingegeben hat.

Ich bin sein Liebling – ein Vater, den Jesus zutiefst liebt!

Ich nehme seine Liebe zu mir an und lasse mich von dieser Liebe zum besten Vater für meine Kinder machen!

Persönliche Reflexion

Bist du am Ende deiner Kräfte? Richte deine Augen auf das Kreuz Jesu und denke über seine selbstaufopfernde Liebe zu dir nach. Schreibe ein Gebet auf, in dem du dem Herrn für seine unermessliche Liebe zu dir dankst. Und dann vertraue darauf, dass er deine Familie auf praktische Weise durch dich liebt.

ZUSAGE 2

MEINE KINDER SIND GOTTES KOSTBARE GESCHENKE AN MICH

Gottes Zusagen an mich

Kinder sind ein Geschenk des Herrn, mit ihnen belohnt er die Seinen. Kräftige Söhne sind für den Vater wie Pfeile in der Hand eines Kriegers. Wer viele solche Pfeile in seinem Köcher hat, der hat das Glück auf seiner Seite. Wenn seine Feinde ihn verklagen, verhelfen sie ihm zu seinem Recht.

PSALM 127,3–5 GNB

Jede gute Gabe und jedes vollkommene Geschenk kommt von oben herab, von dem Vater der Lichter, bei dem keine Veränderung ist, noch ein Schatten infolge von Wechsel

JAKOBUS 1,17 SLT

Ein Wort der Ermutigung an mich

Vielleicht hast du von deinen Freunden oder Kollegen gehört, dass Kinder ein »Hindernis« oder eine »Last« seien. Sie sagen, du wirst nicht mehr so oft golfen gehen können, oder auch, dass es dich in deinem beruflichen Weiterkommen ausbremsen wird. So denken die Menschen der Welt.

Mein Freund, die Bibel erklärt, dass Kinder ein Geschenk des Herrn sind, eine *Belohnung* von ihm! Und Gott weiß in der Tat, wovon er spricht. Verlass dich also nicht auf rein menschliche Worte – die veränderlich und im Wissen begrenzt sind –, sondern verlass dich auf das unveränderliche Wort des allmächtigen Gottes, das für immer wahr ist.

Glaub und sprich Gottes Wort aus, das besagt, dass deine Kinder Gottes Geschenk und eine Belohnung sind und dass du mit ihnen das Glück auf deiner Seite hast. Erkenne, wie der Herr sie sieht, und du wirst sie voll und ganz genießen. Ihr werdet zusammen viele besondere Erfahrungen machen, die unvergesslich und unbezahlbar sind. Und je mehr du dich auf deine Kinder einlässt und sie genießt, desto jugendlicher und energiegeladener wirst du sein!

Das spreche ich im Glauben aus

Meine Kinder sind ein Geschenk und ein Segen vom Herrn. Sie sind eine Belohnung von ihm!

Es macht Spaß, mit ihnen zusammen zu sein, und durch sie fühle ich mich wieder jung!

Persönliche Reflexion

Inwiefern wirst du deine Kinder anders behandeln und erziehen, wenn du sie als Geschenk von Gott ansiehst, anstatt sie als Last zu betrachten?

ZUSAGE 3

GOTT LEITET MICH ZU DEN RICHTIGEN ENTSCHEIDUNGEN HIN

Gottes Zusagen an mich

Vertraue von ganzem Herzen auf den Herrn und
verlass dich nicht auf deinen Verstand.
Denke an ihn, was immer du tust,
dann wird er dir den richtigen Weg zeigen.

SPRÜCHE 3,5–6

Er zeigt mir den richtigen Weg
um seines Namens willen.

PSALM 23,3

Wo es an weiser Führung fehlt, kommt ein Volk zu Fall, wo aber viele Ratgeber sind, da geht es [ihm] gut.

SPRÜCHE 11,14 SLT

Ein Wort der Ermutigung an mich

Ich bin mir sicher, dass du als der Mann im Haus schon viele Entscheidungen treffen musstest. Von einfachen Entscheidungen wie die, ob du Juniors Windel wechseln solltest, bevor du mit ihm in den Park gehst, bis hin zu lebensverändernden Entscheidungen wie etwa die, ob du mit deiner Familie in eine andere Region oder ein anderes Land ziehen solltest.

Folgenschwere Entscheidungen zu treffen ist selten leicht, und wenn wir uns auf der Suche nach einer Lösung ins Internet begeben, sind wir danach oft noch verwirrter. Gott sei Dank haben wir den Herrn Jesus, der alles weiß und, noch wichtiger, der *dich* zu gutem Erfolg führen will!

Ihr Väter, wenn ihr wichtige Entscheidungen treffen müsst, zum Beispiel in beruflicher Hinsicht, dann lernt, Gott zuerst um Rat zu bitten, in dem Wissen, dass er das Beste für euch im Sinn hat. Ihm liegt das am Herzen, was für dich und deine Familie auch Jahre später noch gut sein wird.

Sprich auf jeden Fall mit Freunden und Familie, aber vergiss nicht, zum Herrn zu gehen, um zu hören, was *er* dazu zu sagen hat. Bitte ihn um Weisheit und das richtige Timing. Bezieh ihn ein und lass dich von ihm darin anleiten, eine weise Entscheidung zu treffen, die langfristig gute Frucht hervorbringt.

Das spreche ich im Glauben aus

Ich habe keine Angst, wichtige Entscheidungen für mich und meine Familie zu treffen, denn ich habe den Herrn an meiner Seite, der alles weiß und nur das Beste für uns will.

Ich muss nicht alles verstehen; es geht nur darum, dass ich ihm in allem vertraue. Ich glaube, dass Jesus mich zu gutem Erfolg führen wird!

Persönliche Reflexion

Inwiefern wirst du deine Kinder anders behandeln und erziehen, wenn du sie als Geschenk von Gott ansiehst (anstatt als eine Last)?

ZUSAGE 4

ICH MUSS MICH NICHT FÜRCHTEN – GOTT IST MIT MIR

Gottes Zusagen an mich

Fürchte dich nicht, denn ich bin mit dir; sei nicht ängstlich, denn ich bin dein Gott; ich stärke dich, ich helfe dir auch, ja, ich erhalte dich durch die rechte Hand meiner Gerechtigkeit!

JESAJA 41,10 SLT

Denn Gott hat uns nicht einen Geist der Furcht gegeben, sondern einen Geist der Kraft, der Liebe und der Besonnenheit.

2. TIMOTHEUS 1,7

Ein Wort der Ermutigung an mich

Im Laufe meines Lebens als Pastor habe ich herausgefunden, dass vorschnelle Worte oder Wutausbrüche bei Ehemännern oder Vätern oft auf Angst zurückzuführen sind.

Zum Beispiel befürchtet ein Mann vielleicht, dass er seine Familie nicht gut genug versorgt, und ist darum möglicherweise verunsichert und frustriert. Eine harmlose Bemerkung seiner Frau oder Kinder, die scheinbar gar nichts mit diesem Thema zu tun hat, kann ihn dann leicht aus der Fassung bringen.

Mein Freund, lass nicht zu, dass Angst dich beherrscht und zu Streit in der Familie führt. Wenn du die Stimme der Angst hörst, schaue auf den Herrn, der deine Stärke und Hilfe ist und der dir einen Geist der Kraft, der Liebe und der Besonnenheit gegeben hat.

Wenn du dir Sorgen machst, wie du deine Familie versorgen sollst, mache den Einen zu deinem Versorger, der mühelos mehr als fünftausend hungrige Menschen mit Essen versorgte. Er ist immer mit dir, um dich zu erhalten, dir Weisheit zu geben, Möglichkeiten zu eröffnen und dir bei der Erfüllung aller Bedürfnisse deiner Familie zu helfen.

Das spreche ich im Glauben aus

Immer wenn ich Angst habe, werde ich auf den Herrn, meinen Gott, vertrauen!

Ich werde mich nicht fürchten oder ängstlich sein, denn der Herr ist immer mit mir, und er hat mir einen Geist der Kraft, der Liebe und der Besonnenheit gegeben.

Er ist meine Stärke und meine Hilfe – in jeder Lage erhält er mich durch die rechte Hand seiner Gerechtigkeit.

Persönliche Reflexion

Was wurmt dich und verursacht in deiner Familie Angst und Streit? Fasse es in Worte und bringe es dem Herrn. Während du ihm deine Sorgen übergibst, erlaube seinem Frieden und seiner Liebe, diese Angst zu vertreiben.

ZUSAGE 5

MIT JESUS BIN ICH BEREITS EIN ERFOLGREICHER MANN

Gottes Zusagen an mich

Erinnert euch an den HERRN, euren Gott. Er ist es, der euch die Kraft gibt, erfolgreich zu sein.

5. MOSE 8,18 NLT

Gesegnet ist der Mann, der auf den HERRN vertraut und dessen Zuversicht der HERR geworden ist!

JEREMIA 17,7 SLT

Und ihr seid zur Fülle gebracht in ihm, der das Haupt jeder Herrschaft und Gewalt ist.

KOLOSSER 2,10 SLT

Ein Wort der Ermutigung an mich

Jeder Mann möchte erfolgreich sein – umso mehr, wenn er eine Familie hat, die zu ihm aufsieht. Doch was ist Erfolg? Massenhaft Geld auf dem Konto?

Die Schrift sagt uns, dass die Furcht des HERRN der Anfang der Weisheit ist. Echte Weisheit beginnt mit Jesus – damit, ihn als Herrn anzuerkennen. Auch Erfolg beginnt mit Jesus. Josef aus der Bibel begann als Sklave ohne eigenen Besitz und war trotzdem schon »ein Mann, dem alles glückte«. Wie das? Die Bibel nennt uns den Grund: »der HERR war mit Josef« (1Mo 39,2 EÜ).

Mein Freund, es spielt keine Rolle, wie dein Konto aussieht oder ob du deinen Traumjob hast – sieh dich selbst als Erfolg, der in Christus zur Fülle gebracht ist, weil du seine Gegenwart und Kraft in deinem Leben hast.

In allem, was du tust, erkenne Gottes Gegenwart und stütze dich auf seine Gunst und Weisheit. Und wie bei Josef wird sich der erfolgreiche Mann, der du bereits bist, in allem zeigen, was du anpackst.

Das spreche ich im Glauben aus

Echter Erfolg besteht darin, Jesus als meinen Herrn und seine Gegenwart in meinem Leben zu haben.

In Christus bin ich zur Fülle gebracht und erfolgreich.

Aufgrund der Gegenwart des Herrn, seiner Gunst und Weisheit, kann ich gar nicht anders, als in allem, was ich tue, erfolgreich zu sein.

Persönliche Reflexion

Der Herr ist mit dir und für dich, wie er auch mit Josef war. Glaube deshalb, dass du selbst dann, wenn du gerade in einem »Loch« oder »Kerker« steckst, nicht lange dort bleiben wirst. Bitte ihn um seine Gunst und Weisheit, die dir dazu verhelfen werden, aus jeder Herausforderung siegreich hervorzugehen.

ZUSAGE 6

GOTT HILFT MIR, MEINE KINDER ZURECHTZUWEISEN

Gottes Zusagen an mich

Du hältst mich bei meiner rechten Hand.
Du leitest mich nach deinem Rat.

PSALM 73,23–24 SLT

Ich will dich unterweisen und dir den Weg zeigen, den du gehen sollst; ich will dich mit meinen Augen leiten.

PSALM 32,8 LUT

Weise dein Kind zurecht und es wird dir Freude und Zufriedenheit bereiten.

SPRÜCHE 29,17

Ein Wort der Ermutigung an mich

Ihr Väter, Gott liebt eure Kinder mehr, als ihr sie jemals lieben könntet. Er trägt euch auf, sie zurechtzuweisen, weil er ihr Bestes im Sinn hat. Sein Wort verspricht: Wenn ihr das falsche Verhalten eurer Kinder korrigiert, werden sie euch in ihrer Entwicklung »Freude und Zufriedenheit bereiten«.

Aus meiner Erfahrung als Vater weiß ich, dass es nicht immer leicht ist, die eigenen Kinder zurechtzuweisen, weil man nicht immer weiß, warum sie sich schlecht benehmen. Manchmal sind die Kinder auch nur deshalb bockig, weil sie müde sind oder sie etwas aus der Schule beschäftigt.

Dankenswerterweise können wir als Gläubige in dieser manchmal kniffligen und heiklen Angelegenheit immer den Herrn um Rat bitten. Wir können zu ihm kommen und sagen: »Herr Jesus, zeig mir, was hier wirklich los ist und wie ich mit meinem Kind und seinem Verhalten am besten umgehen kann.«

Jesus wird dir nicht nur zeigen, wann und wie du deine Kinder zurechtweisen sollst. Er wird dir auch zeigen, wann es nötig ist, ihnen Bestätigung, Ermutigung und Lob auszusprechen, damit sie sichere und starke Persönlichkeiten werden können.

Das spreche ich im Glauben aus

Weil der Herr meine Kinder liebt, wird er mir zeigen, wann ich sie zurechtweisen muss.

Wenn ich mich in diesem Bereich auf Gott verlasse, wird er bewirken, dass meine Kinder mich von Herzen erfreuen. Sie werden sichere und starke Persönlichkeiten werden können und die guten Pläne erfüllen, die Gott für sie bereithält.

Persönliche Reflexion

Inwiefern fällt es dir schwer, deine Kinder zurechtzuweisen? Schreibe auf, womit du Schwierigkeiten hast, und gib es im Gebet an den Herrn ab. Vertraue darauf, dass er dir Weisheit und die nötige Selbstbeherrschung geben wird.

ZUSAGE 7

GOTT HILFT MIR, MEINEN KINDERN MIT GNADE ZUZUHÖREN

Gottes Zusagen an mich

Der Helfer, der Heilige Geist, den der Vater in meinem Namen senden wird, wird euch alles »Weitere« lehren und euch an alles erinnern, was ich euch gesagt habe.

JOHANNES 14,26 NGÜ

Doch wenn der Geist der Wahrheit kommt, wird er euch in alle Wahrheit leiten.

JOHANNES 16,13

Und ihr Väter, seid nicht ungerecht gegen eure Kinder. Erzieht sie vielmehr mit Disziplin und zeigt ihnen den richtigen Weg, so wie es Christus entspricht.

EPHESER 6,4

Ein Wort der Ermutigung an mich

Wenn unsere Kinder trotzig sind oder etwas getan haben, das nicht richtig ist, sind wir manchmal versucht, wütend zu reagieren. Vielleicht hast du das Gefühl, du solltest dich sofort um ihr falsches Verhalten kümmern und ihnen deutlich zeigen, was richtig und was falsch ist.

Natürlich solltest du falsches Verhalten ansprechen, doch Gottes Wort sagt uns auch: »Seid schnell bereit, zuzuhören, aber lasst euch Zeit, ehe ihr redet oder zornig werdet« (Jak 1,19). Mit anderen Worten: Wenn deine Kinder aufgebracht und deshalb trotzig sind, lerne auch, deinem Kind mit Gnade und Geduld zuzuhören, ohne es zu unterbrechen und vorschnell zu urteilen.

Der Heilige Geist ist der beste Erziehungsratgeber und derjenige, der dich »alles lehrt«. Bitte ihn, dir dabei zu helfen, deinen Kindern mit Einfühlungsvermögen und Gnade zuzuhören. Deine Kinder werden sich von dir geliebt fühlen, wenn du ihnen zuhörst und ihre Gefühle auf diese Weise ernst nimmst. So wirst du eine feste, auf Liebe gegründete Bindung zu deinen Kindern aufbauen. Außerdem wirst du in ihrem Leben die Art von Frucht sehen, die nur eine vom Geist geleitete Zurechtweisung hervorbringen kann.

Das spreche ich im Glauben aus

Ich habe den besten Erziehungsratgeber – den Heiligen Geist in mir. Er hilft mir, meine Kinder zu erziehen und zurechtzuweisen.

Wenn meine Kinder aufgebracht sind oder sich daneben benommen haben, kann ich mit der Hilfe des Heiligen Geistes schnell bereit sein, ihnen zuzuhören, und mir Zeit lassen, bevor ich rede oder Konsequenzen ziehe.

Mit der Gnade des Herrn und unter seiner Leitung baue ich eine feste, auf Liebe gegründete Bindung zu meinen Kindern auf.

Persönliche Reflexion

Bitte den Herrn um ein Herz, das auf ihn hört, was deine Kinder angeht – damit du sie besser erziehen und eine wirklich besondere Beziehung zu ihnen aufbauen kannst.

ZUSAGE 8

MEINE KINDER WERDEN DEN HERRN KENNEN UND AN GNADE UND FRIEDEN ZUNEHMEN

Gottes Zusagen an mich

So nehmt euch nun diese meine Worte zu Herzen … Und ihr sollt sie eure Kinder lehren, indem ihr davon redet, … damit du und deine Kinder lange leben in dem Land, von dem der HERR deinen Vätern geschworen hat, dass er es ihnen geben werde, solange der Himmel über der Erde steht.

5. MOSE 11,18–21 SLT

Gnade und Frieden vermehre sich bei euch dadurch, dass ihr Gott und unseren Herrn Jesus immer besser und tiefgründiger kennenlernt.

2. PETRUS 1,2 NEÜ

Lehre dein Kind, den richtigen Weg zu wählen, und wenn es älter ist, wird es auf diesem Weg bleiben.

SPRÜCHE 22,6

Ein Wort der Ermutigung an mich

Ich bin mir sicher, dass du – wie jeder gottesfürchtige Vater – willst, dass deine Kinder den Herrn kennenlernen. Die Bibel erklärt, dass Gnade und Frieden sich bei uns dadurch vermehren, dass wir Gott und unseren Herrn Jesus immer besser kennenlernen. Und genau das wollen wir als Väter ja auch für unsere Kinder!

Wie also können wir sie auf dieser Reise unterstützen? Ganz einfach: In ihrem Beisein kannst du in ganz alltäglichen Situationen über den Herrn sprechen (siehe 5Mo 6,6–7). Wenn ihr draußen unterwegs seid, weise sie auf Gottes wunderschöne Schöpfung hin – die Sterne, einen schönen Sonnenuntergang oder einen Regenbogen – und sag ihnen, dass Gott all das geschaffen hat, um ihnen damit eine Freude zu machen. Wenn ihr als Familie etwas braucht, lass sie dich sagen hören: »Jesus ist unser Hirte. Er wird uns helfen.«

Vertraue darauf, dass der Herr dir Weisheit geben und dir die richtige Zeit zeigen wird, um mit deinen Kindern über ihn zu sprechen. Ermutige sie, seine Gnade und Liebe in ihrem Alltag zu entdecken. Wenn du deinen Kindern Gottes Wort auf diese Weise vermittelst, wirst du erleben, dass sie in Gottes Gnade und Frieden wachsen und Widrigkeiten ihnen nichts anhaben können.

Das spreche ich im Glauben aus

Meine Kinder werden den Herrn immer besser kennenlernen und dadurch werden Gunst und Frieden in ihrem Leben zunehmen!

Der Herr gibt mir Weisheit und zeigt mir die richtigen Momente, um mit meinen Kindern über ihn zu sprechen oder ihnen biblische Geschichten weiterzugeben. Durch mich zeigt er ihnen, wie unermüdlich er sie liebt.

Persönliche Reflexion

Ist dir schon aufgefallen, dass deine Kinder in dem, was sie sagen und tun, häufig deinem Beispiel folgen? Wie kannst du diese Tatsache positiv nutzen, um deinen Kindern etwas vom Herrn zu vermitteln?

ZUSAGE 9

WENN ICH GOTTES PLÄNEN FOLGE, WERDE ICH NICHT DEN KÜRZEREN ZIEHEN

Gottes Zusagen an mich

Glücklich zu preisen ist, wer nicht dem Rat gottloser Menschen folgt, wer nicht denselben Weg geht wie jene, die Gott ablehnen, wer keinen Umgang mit den Spöttern pflegt. Glücklich zu preisen ist, wer Verlangen hat nach dem Gesetz des Herrn und darüber nachdenkt Tag und Nacht. Er gleicht einem Baum, der zwischen Wasserläufen gepflanzt wurde: zur Erntezeit trägt er Früchte, und seine Blätter verwelken nicht. Was ein solcher Mensch unternimmt, das gelingt.

PSALM 1,1–3 NGÜ

»Denn ich weiß genau, welche Pläne ich für euch gefasst habe«, spricht der Herr. »Mein Plan ist, euch Heil zu geben und kein Leid. Ich gebe euch Zukunft und Hoffnung.«

JEREMIA 29,11

Ein Wort der Ermutigung an mich

Wir leben in einer Welt, in der »Ich, mich und mein« als Lebenseinstellung gefeiert wird. Einer Welt, in der Menschen auf ihr Recht bestehen, alles sagen und tun zu dürfen, was zu ihrem Vorteil und Nutzen ist.

Ihr Väter, ihr seid *in* der Welt, aber nicht *von* der Welt. Gott hat jeden einzelnen von euch für sich ausgesondert – er hat wunderbare Pläne für dich und deine Familie. Er wird deine Familie beschützen und sie versorgen. Und er wird dich so leiten, dass alles, was du tust, gelingt. Als Leiter deiner Familie hast du die Ehre und das Vorrecht, zu sagen: »Der Herr ist unsere Versorgung, unser Schutz und unser guter Erfolg. Ich werde Gott vertrauen und seinen Wegen folgen!«

Vielleicht machen andere sich über dich lustig, weil du dich nicht so verhältst wie die Menschen dieser Welt. Vielleicht verstehen sie nicht, warum du nicht taktierst oder andere manipulierst, um deinen Willen durchzusetzen. Doch wenn du dein Vertrauen auf den Herrn setzt, kannst du nicht anders, als der gesegnete Mann aus Psalm 1 zu werden. Du wirst feststellen, dass dein Arbeits- und dein Familienleben von Gottes Frieden und gutem Erfolg durchdrungen sein werden.

Das spreche ich im Glauben aus

Der Herr hat erstaunliche Absichten und Berufungen, Pläne und Ziele für mich und meine Familie. Er ist unsere Versorgung, unser guter Erfolg. Ich vertraue ihm und werde seinem Wort und seinen Wegen folgen.

Persönliche Reflexion

Wirst du die Weichen für dich und deine Familie auf den besten Kurs einstellen, indem du dich entscheidest, dem Herrn zu folgen? Wenn du diesen Wunsch hast, schreibe die Bereiche auf, in denen du Gott vertrauen willst, und bitte ihn, dich übernatürlich zu leiten.

ZUSAGE 10

DER HERR IST MEINE WEISHEIT

Gottes Zusagen an mich

*Durch ihn aber seid ihr in Christus Jesus,
der uns von Gott gemacht worden ist zur Weisheit,
zur Gerechtigkeit, zur Heiligung und zur Erlösung.*

1. KORINTHER 1,30 SLT

*Wenn es aber jemand unter euch an Weisheit
mangelt, so erbitte er sie von Gott, der allen gern und
ohne Vorwurf gibt, so wird sie ihm gegeben werden.*

JAKOBUS 1,5 SLT

Ein Wort der Ermutigung an mich

Männer legen sich liebend gern Dinge zu – von Qualifikationen über Autos bis zu den neuesten Geräten! Aber was wir uns wirklich zulegen sollten, ist Weisheit. Bei der Arbeit und zu Hause müssen wir zahllose Entscheidungen treffen. Es ist also nicht überraschend, dass die Bibel uns sagt: »Weisheit zu erwerben ist das Wichtigste im Leben!« (Spr 4,7).

Die gute Nachricht ist: Wenn du an Christus glaubst, ist er selbst deine Weisheit. Du kannst dich immer an ihn wenden, wenn du seine Wegweisung brauchst – das freut ihn sogar. Lass dir nicht von deinem Stolz einreden, du bräuchtest seinen Rat nicht.

Wenn du vor einer wichtigen Entscheidung stehst, danke ihm: »Herr, danke für deine Weisheit. Danke, dass du mir in dieser Angelegenheit Klarheit, Einblick und Urteilsvermögen schenken wirst. Danke, dass du mich zu gutem Erfolg führen wirst.«

Als Vater wirst du immer wieder vor Herausforderungen stehen. Unsere Kinder werden immer neue Phasen durchleben, die auch jeweils neue Herausforderungen mit sich bringen. Aber du darfst wissen: Für jede neue Herausforderung hält Gott auch ein neues Maß an Weisheit für uns bereit!

Das spreche ich im Glauben aus

In jeder Lebenslage werde ich Klarheit und Urteilsvermögen haben, um weise Entscheidungen zu treffen – denn der Herr ist meine Weisheit.

Immer wenn ich den Herrn um Weisheit bitte, wird er sie mir bereitwillig und großzügig schenken. Ich darf auf Gottes unendliche Weisheit zugreifen – und deswegen kann ich aufblühen und erfolgreich sein.

Persönliche Reflexion

Brauchst du in einer schwierigen Situation, egal, ob zu Hause oder bei der Arbeit, Weisheit? Erzähle dem Herrn davon und bitte ihn um Weisheit und Gunst. Ein einziges Wort von ihm kann die gesamte Situation wenden!

ZUSAGE 11

GOTT HAT MIR JEMANDEN ZUR SEITE GESTELLT UND GUNST GESCHENKT

Gottes Zusagen an mich

Wer eine Ehefrau gefunden hat, der hat etwas Gutes gefunden und hat Gunst erlangt von dem HERRN.

SPRÜCHE 18,22 SLT

Wer kann schon eine tüchtige Frau finden?
Sie ist wertvoller als die kostbarsten Edelsteine.
Ihr Mann kann ihr vertrauen, und sie wird
sein Leben bereichern.

SPRÜCHE 31,10–12

Du gibst mir rettenden Schutz. Deine Hand hält mich und durch deine Gnade hast du mich stark gemacht.

PSALM 18,36

Ein Wort der Ermutigung an mich

Als Gott sagte, er werde Adam eine »Hilfe« machen, fand dieses Wort in der Bibel zum ersten Mal Erwähnung – »Ich will ihm eine Hilfe machen, die ihm ebenbürtig ist.« (1Mo 2,18 EÜ).

Darum sagt die Bibel auch, dass derjenige, der eine Ehefrau findet, »etwas Gutes« findet und »Gunst erlangt [hat] von dem HERRN«. Deine Ehefrau ist ein Segen, weil sie deine Hilfe ist und dir zur Seite steht. Und weil du sie hast, hast du zusätzliche Gunst vom Herrn bekommen!

Es ist doch ein echt tolles Gefühl, einen Menschen an der Seite zu haben, der dich liebt und unterstützt – obwohl er nicht nur deine Stärken sondern auch deine Schwächen kennt. Fang an, deine Ehefrau als Segen zu sehen, durch den Gott dich liebt und dir hilft – und danke ihm täglich für sie.

Falls du alleinerziehender Vater bist, darfst du wissen, dass der Herr deine Stärke und größte Hilfe ist. Seine bedingungslose Liebe zu dir kennt keine Grenzen, und durch seine Gnade wird er dich in allen Lebensbereichen versorgen.

Das spreche ich im Glauben aus

Weil der Herr mich liebt und das Beste für mich im Sinn hat, hat er mir eine Hilfe geschenkt, mit der ich durchs Leben gehen kann und durch die ich gesegnet werde.

Weil der Herr mich liebt, kann ich ihn bitten, jeden Bereich meines Familienlebens zu segnen.

Persönliche Reflexion

Schreibe auf, wie deine Ehefrau dir schon geholfen und dich unterstützt hat – und danke dem Herrn für sie.

Falls du alleinerziehender Vater bist, nimm dir Zeit, darüber nachzudenken, wie sehr der Herr dich liebt, und empfange seine überfließende Gnade für alles, was dir fehlt.

ZUSAGE 12

GOTTES GUNST BESCHÜTZT MICH UND MEINE FAMILIE

Gottes Zusagen an mich

Denn du, oh HERR, wirst den Gerechten segnen;
mit Gunst wirst du ihn umgeben wie mit einem Schild.

PSALM 5,13 NKJV

Der HERR segne dich und beschütze dich!
Der HERR erfreue sich an dir und sei dir gnädig!
Der HERR zeige dir seine Gunst und
gebe dir seinen Frieden!

4. MOSE 6,24–26 NLT

Ein Wort der Ermutigung an mich

Die Bibel sagt, dass Gottes Gunst dich – den Gerechten in Christus – wie ein Schild umgibt. Das bedeutet auch, dass seine Gunst dich *beschützen* kann. Mit anderen Worten: Seine Gunst öffnet nicht nur Türen, die gut für dich sind. Sie verschließt auch solche, die *nicht* gut für dich sind, damit du und deine Familie bewahrt bleiben.

Wenn zum Beispiel eine bestimmte geschäftliche Gelegenheit nicht gut für dich ist (was Gott weiß, weil er deine Zukunft kennt), wird der Deal vielleicht nicht zustande kommen. Oder wenn jemand mit Hintergedanken sich mit deinem Teenager anfreunden will, wird dieselbe Gunst, die dein Kind segnet, gleichzeitig ein Schild werden, der schlechte Einflüsse abwehrt. Auf diese Weise funktioniert Gottes Gunst wie ein Schutzschild.

Mach es dir also zur Gewohnheit, jeden Tag Gottes Gunst über dich selbst und deine Familie auszusprechen. Sage: »Herr, wir vertrauen auf dich. Danke für deine Gunst, die auf uns ruht, um uns in diesen zunehmend gefährlichen und ungewissen Zeiten zu segnen und zu beschützen. Amen!«

Das spreche ich im Glauben aus

Die Gunst des Herrn umgibt mich und meine Familie wie ein Schild.

Dieser Schild der Gunst zieht nicht nur das Gute an, sondern er bewahrt uns auch vor Gefahr.

Persönliche Reflexion

Finde Ruhe im Nachdenken darüber, wie Gottes Gunst nicht nur seine Versorgung in dein Leben bringt, sondern dich und deine Familie auch mit Schutz umgibt. Wenn du in letzter Zeit erlebt hast, wie Gottes Gunst dich oder deine Lieben beschützt hat, dann danke Gott dafür.

ZUSAGE 13

FREI DURCH GOTTES VERGEBUNG UND GERECHTIGKEIT

Gottes Zusagen an mich

Denn wenn durch die Übertretung des einen der Tod durch den einen geherrscht hat, so werden viel mehr die, welche den Überfluss der Gnade und der Gabe der Gerechtigkeit empfangen, im Leben herrschen durch den einen, Jesus Christus.

RÖMER 5,17 ELB

So lasst uns nun mit Freimütigkeit hinzutreten zum Thron der Gnade, damit wir Barmherzigkeit erlangen und Gnade finden zu rechtzeitiger Hilfe!

HEBRÄER 4,16 SLT

So sollt ihr nun wissen …, dass euch durch diesen Vergebung der Sünden verkündigt wird; und von allem, wovon ihr durch das Gesetz Moses nicht gerechtfertigt werden konntet, wird durch diesen jeder gerechtfertigt, der glaubt.

APOSTELGESCHICHTE 13,38–39 SLT

Ein Wort der Ermutigung an mich

Es gibt auch christliche Männer, die von Pornografie, Nikotin oder Alkohol abhängig sind und gegen ihr Suchtverhalten ankämpfen. Sie sind aufrichtig und wollen ihre schlechten Angewohnheiten unbedingt loswerden. Doch sie schaffen es einfach nicht, so sehr sie sich auch anstrengen. Und wenn sie Kinder haben, fühlen sie sich wegen solcher Schwächen noch viel schlechter, weil sie kein gutes Vorbild abgeben.

Mein Freund, wenn du mit einer Sucht zu kämpfen hast, besteht der erste Schritt zum Sieg hierin: Erkenne und glaube, dass der Herr Jesus am Kreuz schon die volle Strafe für alle deine Sünden auf sich genommen und dir im Austausch Gottes eigene Gerechtigkeit geschenkt hat. Und weil das so ist, musst du dich nicht vor Gottes Gericht fürchten. Stattdessen darfst du Gottes Vergebung annehmen und ohne Scheu zu seinem Thron der Gnade kommen, wo du die Hilfe und den Sieg findest, die dich frei von jedem Zwang machen.

Gottes wunderbare Gnade und sein Geschenk der Gerechtigkeit erkannt zu haben, hat schon viele Männer von ihren Süchten befreit. Wenn auch du diesen Wahrheiten des Evangeliums glaubst und inmitten deiner Kämpfe Gottes Gerechtigkeit als die deine bekundest, *wirst* du von innen heraus verwandelt werden und Durchbrüche mit bleibender Wirkung erleben.

Das spreche ich im Glauben aus

Dank dem vollbrachten Werk Jesu auf Golgatha ist mir vollständig vergeben und mir wurde Gottes eigene Gerechtigkeit geschenkt.

Ich treffe die Entscheidung, mich auch, wenn ich versage, nicht verurteilt zu fühlen, sondern mir meine Vergebung und Gerechtigkeit vor Augen zu führen. Ich nehme Jesu Hilfe, Gnade und Sieg für alle meine Kämpfe in Anspruch.

Ich glaube, dass Gottes Gnade mit ihrer Kraft in mir wirkt und mich jede schlechte Angewohnheit überwinden lässt!

Persönliche Reflexion

Wie reagierst du für gewöhnlich, wenn du einer schlechten Angewohnheit doch wieder nachgegeben hast? Inwiefern befähigt dich das Wissen, dass dir Gottes Vergebung und Gerechtigkeit geschenkt wurde, dazu, die Hilfe und Gnade in Anspruch zu nehmen, die du brauchst, um den Kampf zu gewinnen?

ZUSAGE 14

UNTER DER GNADE HABEN SCHLECHTE ANGEWOHNHEITEN KEINEN HALT IN MIR

Gottes Zusagen an mich

Denn er hat den, der von keiner Sünde wusste, für uns zur Sünde gemacht, damit wir in ihm [zur] Gerechtigkeit Gottes würden.

2. KORINTHER 5,21 SLT

Denn gleichwie durch den Ungehorsam des einen Menschen die Vielen zu Sündern gemacht worden sind, so werden auch durch den Gehorsam des Einen die Vielen zu Gerechten gemacht.

RÖMER 5,19 SLT

Denn die Sünde wird nicht herrschen über euch, weil ihr nicht unter dem Gesetz seid, sondern unter der Gnade.

RÖMER 6,14 SLT

Ein Wort der Ermutigung an mich

Der erste Schritt zum Sieg über jegliche Gebundenheit oder sündige Angewohnheit ist das Wissen, dass deine Sünden vergeben sind, weil Christus sein Blut für dich vergossen hat. Aber bleib dabei nicht stehen.

Glaube trotz deiner Sucht daran, dass *du gerecht bist* in Christus, und sprich es auch aus – insbesondere dann, wenn sich Schuld- und Verdammungsgefühle einschleichen wollen. Selbst in Momenten, in denen du dich alles andere als gerecht fühlst, nimm Gottes überfließende Gnade und sein Geschenk der Gerechtigkeit im Glauben für dich an. Denn damit ehrst du, was der Herr am Kreuz für dich getan hat.

Das ist deshalb so wichtig, weil sündige Angewohnheiten ihren Halt in dir verlieren, wenn dir vollkommen bewusst ist, dass du vor Gott gerecht dastehst. Je fester du dich in Gottes überfließender Gnade und seinem Geschenk der Gerechtigkeit gründest, desto mehr wirst du die Oberhand über die Sünde gewinnen.

Mein Freund, du wirst nicht dann über jede Sünde und Sucht herrschen, wenn du dir deiner Sünden bewusst bist – sondern wenn du erkennst, dass dir *durch Christus* Gerechtigkeit, Vergebung und überfließende Gnade geschenkt wurden!

Das spreche ich im Glauben aus

Ich bin die Gerechtigkeit Gottes in Christus Jesus. Am Kreuz hat er meine Sünden und meine Strafe auf sich genommen.

Ich nehme Gottes Geschenke seiner überfließenden Gnade und seiner Gerechtigkeit an. Denn diese Geschenke hat sein Sohn mir mit seinem kostbaren Blut erkauft.

Weil ich unter der Gnade bin, wird keine schlechte Angewohnheit und keine Sucht mehr über mich herrschen können!

Persönliche Reflexion

Was ist dir normalerweise bewusster: dein Versagen und die Anklagen des Feindes oder Gottes überfließende Gnade und Gerechtigkeit, die er dir durch Jesus geschenkt hat? Meditiere über deine gerechte Identität in Christus, und du wirst zunehmend über jede Herausforderung herrschen.

ZUSAGE 15

JESUS BESCHÜTZT MICH, WENN ICH UNTERWEGS BIN

Gottes Zusagen an mich

Denn er befiehlt seinen Engeln, dich zu beschützen, wo immer du gehst.

PSALM 91,11

Der HERR schützt dich vor allem Unheil, er bewahrt dein Leben. Er gibt auf dich acht, wenn du aus dem Haus gehst und wenn du wieder heimkehrst. Jetzt und für immer steht er dir bei!

PSALM 121,7–8 HFA

Ein Wort der Ermutigung an mich

Sieh Gottes Schutz niemals als selbstverständlich an. Selbst dann nicht, wenn es »nur« darum geht, zur Arbeit zu fahren oder deine Kinder zur Schule zu bringen. Natürlich können wir alle notwendigen Vorsichtsmaßnahmen treffen und rücksichtsvoll fahren und uns an das Tempolimit halten. Und trotzdem: Nur der Herr weiß, was wortwörtlich »vor uns liegt«, und nur er kann uns vor dem Unerwarteten beschützen.

Nimm dir also einen Moment Zeit, um Psalm 91 zu beten, bevor du dich auf den Weg machst. Nimm dir etwas Zeit und mach dir bewusst, dass der Herr sich um deine Familie und dein Leben kümmert und euch beschützt. Und glaube auch im Tagesverlauf, dass er dich zu deiner Sicherheit und zu deinem Nutzen immer zur richtigen Zeit an den richtigen Ort bringt – selbst dann, wenn vor dir jemand langsam fährt oder du im Stau steckst.

Vertraue darauf, dass er dir alle Dinge zum Besten dienen lässt, und du wirst sicher und entspannt an deinem Ziel ankommen.

Das spreche ich im Glauben aus

Der Herr beschützt mich und meine Familie und bringt uns sicher an jedes Ziel.

Jesus bringt mich immer zur richtigen Zeit an den richtigen Ort und lässt mir alle Dinge zum Besten dienen.

Persönliche Reflexion

Finde Ruhe in der Gewissheit, dass unser Herr Jesus auf dich und deine Familie achtgibt, weil er euch liebt. Denke über diese Wahrheit nach und danke ihm dafür, dass er dich und deine Familie bewahrt, wenn ihr – allein oder gemeinsam – unterwegs seid.

ZUSAGE 16

ICH KANN IN GOTTGEWIRKTER ZUFRIEDENHEIT LEBEN UND FRIEDEN ERFAHREN

Gottes Zusagen an mich

Wahrer Glaube und die Fähigkeit,
mit wenigem zufrieden zu sein,
sind tatsächlich ein großer Reichtum.

1. TIMOTHEUS 6,6

Beneide die Sünder nicht, sondern bewahre dir täglich die Ehrfurcht vor dem Herrn. Denn du hast eine Zukunft, und deine Hoffnung wird nicht enttäuscht werden.

SPRÜCHE 23,17–18

Der Herr ist mein Hirte,
ich habe alles, was ich brauche.

PSALM 23,1

Ein Wort der Ermutigung an mich

Ich habe schon oft gesagt, dass Menschen Dinge kaufen, die sie sich nicht leisten können, mit Geld, das sie nicht haben, um Menschen zu beeindrucken, die das nicht interessiert! Es ist ganz natürlich, dass wir Männer uns vom Rest der Meute gerne abheben wollen. Vielleicht kennt ihr ja auch diese lustigen Babystrampelanzüge mit der Aufschrift: »Mein Papa ist viel cooler als deiner«. Oder vielleicht hast du deinem Kind sogar einen gekauft.

Aber mal ganz im Ernst: Wenn wir anfangen, uns zu vergleichen, werden wir entweder stolz (»mein Auto ist größer«) oder neidisch (»der hat ein größeres Haus«). In beiden Fällen drehen wir uns um uns selbst, und das führt nur zu Schmerz, Unzufriedenheit und einer endlosen Suche nach mehr.

Bitte schlag diesen Weg nicht ein. Er könnte dich deine körperliche und seelische Gesundheit kosten. Begib dich auf eine höhere Ebene und lass dich auf ein Leben in gottgewirkter Zufriedenheit ein. Dort hast du »eine Zukunft, und deine Hoffnung wird nicht enttäuscht werden«. Lerne, zufrieden und glücklich mit dem zu sein, was der Herr dir schon geschenkt hat. Dann wirst du auch die kleinen Freuden des Alltags genießen können. So sehen großer Reichtum und Wohlergehen aus – für dich und für deine Familie.

Das spreche ich im Glauben aus

Nichts verschafft mir mehr Reichtum und bessere Gesundheit, als den Herrn Jesus in meinem Leben und meine Familie an meiner Seite zu haben.

Ich entscheide mich, mit dem zufrieden zu sein, womit Gott mich schon gesegnet hat, anstatt ständig nach neuen Dingen zu suchen, mit denen ich andere Menschen beeindrucken kann.

Weil der Herr mein Hirte ist, habe ich alles, was ich brauche. Ich muss nicht ständig mit anderen konkurrieren, um mich besser zu fühlen.

Persönliche Reflexion

Hat deine neueste Errungenschaft dich ehrlich zufrieden gemacht? Bitte den Herrn, dir zu zeigen, wie du das Leben wirklich genießen kannst – und zwar mit dem, was du jetzt gerade hast.

ZUSAGE 17

GOTT SCHÄTZT UNS SEHR UND WIRD UNS IN ALLEM VERSORGEN

Gottes Zusagen an mich

Mein Gott aber wird allen euren Mangel ausfüllen nach seinem Reichtum in Herrlichkeit in Christus Jesus.

PHILIPPER 4,19 SLT

Alle aßen, so viel sie wollten, und am Schluss sammelten sie noch zwölf Körbe mit Resten ein!

LUKAS 9,17

Seht die Vögel des Himmels an: Sie säen nicht und ernten nicht, sie sammeln auch nicht in die Scheunen, und euer himmlischer Vater ernährt sie doch. Seid ihr nicht viel mehr wert als sie?

MATTHÄUS 6,26 SLT

Ein Wort der Ermutigung an mich

Vielleicht bist du ein Vater, der seine Gefühle nicht so gut in Worte fassen kann. Und doch stehst du jeden Tag früh auf und gehst zur Arbeit, um deine Kinder mit Nahrung und Kleidung zu versorgen. Das, mein Freund, spricht Bände darüber, wie sehr du sie liebst!

Ich weiß, dass es manchmal sehr stressig sein kann, vor allem, wenn du der einzige Brötchenverdiener für eine große Familie bist. Und noch beunruhigender wird es, wenn du hörst, dass aufgrund einer schlechten Wirtschaftslage Stellen gestrichen und Löhne gekürzt werden.

Aber ich möchte dich ermutigen: Du hast einen himmlischen Vater, der sich um dich kümmert. Er ernährt sogar die Vögel des Himmels. Denkst du nicht, dass er dann auch dich und deine Familie ernähren wird? Ihr seid ihm doch noch so viel mehr wert und er hat seinen Sohn für euch in den Tod gegeben.

Immer wenn du dir Sorgen machst, denke über diese Wahrheit nach. Danke ihm für alles, was du heute hast, und lass es ihn vermehren, so wie er damals die Brote und Fische vermehrt hat. Versorgung und Wachstum entstehen nicht daraus, dass du dir Sorgen machst, sondern indem du in der Liebe deines himmlischen Vaters ruhst.

Das spreche ich im Glauben aus

Der Herr versorgt uns in allem – und das nicht gemessen an der Wirtschaftslage, sondern nach seinem Reichtum in Herrlichkeit.

Ich werde mir keine Sorgen darüber machen, wie ich meine Familie mit ausreichend Nahrung versorgen kann. Denn der Gott, der mehr als 5000 Menschen gespeist hat (wobei noch zwölf Körbe mit Resten übrigblieben), ist mein Versorger.

Persönliche Reflexion

Du als unvollkommener Vater gibst dir schon alle Mühe, deine Kinder zu versorgen. Denkst du, dass dein himmlischer Vater sich weniger Mühe gibt, dich und deine Familie zu versorgen? Danke ihm für seine Versorgung in allen Bereichen, in denen er sich die ganzen Jahre über bereits um dich gekümmert hat.

ZUSAGE 18

GOTT HAT EINEN TOLLEN JOB FÜR MICH, AUF DEM MEIN NAME STEHT

Gottes Zusagen an mich

Das ist die Botschaft dessen, der heilig und wahrhaftig ist und der den Schlüssel Davids hat. Was er öffnet, kann niemand schließen, und was er schließt, kann niemand öffnen.

OFFENBARUNG 3,7

Ich will einen Weg in der Wüste bereiten und Ströme in der Einöde.

JESAJA 43,19 SLT

Ein Wort der Ermutigung an mich

Jeder liebende Vater will seine Familie gut versorgen können. Falls du schon seit Längerem auf Jobsuche bist, verliere nicht den Mut. Der Herr Jesus wird einen Weg für dich bereiten, auch wenn du keinen Weg mehr siehst.

Und wenn er eine Tür weit für dich öffnet, kann nichts und niemand sie schließen. Vielleicht hat sich aber auch eine Tür geschlossen – zum Beispiel, weil ein anderer die Stelle bekommen hat. Dann glaube, dass er dich bewahrt hat und etwas Besseres für dich bereithält, bei dem du Beruf und Familie optimal miteinander vereinbaren kannst. Er hat für dich und deine Familie das Beste im Sinn.

Während du deine Bewerbungen verschickst, verlasse dich weiterhin auf den Herrn, auf seine unverdiente Gunst und auf seine Möglichkeiten, dir deinen Durchbruch zu schenken. Glaube, dass er wirklich einen Weg für dich bereiten kann. Er kann es zum Beispiel möglich machen, dass eine neue Stelle eigens für dich geschaffen wird. Vertraue darauf, dass er dich liebt, und erlebe, dass er dir nicht nur einen Job schenkt, sondern auch eine einflussreiche Position!

Das spreche ich im Glauben aus

Er, der den Schlüssel Davids hat und Türen öffnet, die niemand schließen kann, hat einen tollen Job für mich vorbereitet.

Ich habe Gunst bei meinem Retter. Und deswegen ruht seine Gunst auch auf meinen Bewerbungen – und während meiner Vorstellungsgespräche auch auf mir.

Ich werde mir keine Sorgen machen oder Angst haben, weil ich weiß, dass mein Herr immer einen Ausweg für mich hat und mich in jeder Herausforderung versorgt.

Persönliche Reflexion

Egal, ob du zurzeit eine Stelle hast oder nicht: Schreibe dir die Segnungen auf, die du im Zusammenhang mit deinem Job gerne hättest. Vielleicht wünschst du dir weniger Stress und mehr gemeinsame Zeit mit deiner Familie, eine bessere Bezahlung oder Weisheit, um dein Team motivieren zu können.

ZUSAGE 19

GOTT SETZT SEIN WORT TREU IN DIE TAT UM

Gottes Zusagen an mich

Ich bin jung gewesen und alt geworden und habe noch nie den Gerechten verlassen gesehen und seine Kinder um Brot betteln.

PSALM 37,25 LUT

Du bist mein Schirm und mein Schild; ich hoffe auf dein Wort.

PSALM 119,114 SLT

Gott hat nicht einmal seinen eigenen Sohn verschont, sondern hat ihn für uns alle gegeben. Und wenn Gott uns Christus gab, wird er uns mit ihm dann nicht auch alles andere schenken?

RÖMER 8,32

Ein Wort der Ermutigung an mich

Hast du dich schon einmal gefragt, ob du Gottes Zusagen wirklich vertrauen kannst? Ich möchte dich mit einem Zeugnis ermutigen: Abel stand als Vater und Ruheständler unter großer finanzieller Belastung. Er musste den Dienst seiner Frau, mit dem sie sozial tätig war, unterstützen und gleichzeitig für zwei Töchter das College finanzieren.

Als er sich jedoch auf den Herrn zu verlassen begann und seinem Wort vertraute, anstatt sich auf die finanziellen Herausforderungen der Familie zu fokussieren, wurde ihm eine Stelle als Leiter in einer bekannten nichtstaatlichen Organisation angeboten. Sein Sohn schrieb uns: »Dank Gottes Versorgung wurden nicht nur meine Schwestern, meine Mutter und ich gesegnet. Auch mein Vater wurde mit einer guten Arbeitsstelle gesegnet. Außerdem haben sein Glaube und seine Freude am Herrn zugenommen, und er hat immer ein Lob für Gott auf den Lippen.«

Egal, was du heute brauchst: Vertraue auf den Herrn und hoffe auf sein Wort. Wenn negative Gedanken kommen, sprich aus: »ABER Gottes Wort sagt …« Er wird dich nicht verlassen; er wird sein Wort in die Tat umsetzen und dich überreich versorgen!

Das spreche ich im Glauben aus

Ich vertraue auf den Herrn und hoffe auf sein Wort. Er wird mich nicht verlassen!

Gott hat seinen eigenen Sohn nicht verschont, sondern hat ihn für mich hingegeben. Warum sollte er mir dann mit ihm nicht auch alles andere schenken?

Ich danke dem Herrn, meinem Gott, und lobe seinen heiligen Namen, denn er kennt alle meine Bedürfnisse und wird mich in allem überreich versorgen!

Persönliche Reflexion

Gott hat dir bereitwillig sein Bestes geschenkt: Jesus. Würde er dir dann irgendeine geringere Segnung vorenthalten, wie zum Beispiel eine Arbeitsstelle, damit du deine Rechnungen bezahlen kannst, oder Gesundheit, damit du mit deinen Kindern spielen kannst? Danke ihm, dass er dich so treu mit allem segnet, was du brauchst.

ZUSAGE 20

DER HERR IST MIT MIR UND SCHENKT MIR ERFOLG

Gottes Zusagen an mich

Der Herr half Josef und ließ ihm alles gelingen, während er im Haus seines ägyptischen Herrn arbeitete. Potifar bemerkte, dass der Herr mit Josef war und ihm in allem, was er unternahm, Erfolg schenkte.

1. MOSE 39,2–3

Denn er hat gesagt: »Ich will dich nicht aufgeben und dich nicht verlassen«, sodass wir zuversichtlich sagen können: »Der Herr ist mein Helfer, ich will mich nicht fürchten. Was soll mir ein Mensch tun?«

HEBRÄER 13,5–6 ELB

Und du wirst vielen Völkern leihen; du aber wirst dir nichts ausleihen müssen. Und der HERR wird dich zum Haupt setzen und nicht zum Schwanz; und es wird mit dir immer nur aufwärtsgehen und nicht abwärts.

5. MOSE 28,12–13 SLT

Ein Wort der Ermutigung an mich

Als Josef als Sklave in Potifars Haus anfing, hatte er keinen eigenen Besitz. Vermutlich gehörte ihm noch nicht einmal die Kleidung, die er trug. Früher war er von seinem Vater Jakob bevorzugt behandelt worden. Doch jetzt war er nur eines der vielen Besitztümer eines Heiden im fremden Land.

Doch eines hatte Josef noch immer: die Gegenwart des Herrn. Und das allein reichte aus, um alles zu verändern. Mit der Gegenwart des Herrn wurde alles, was Josef in Potifars Haus tat, zum Erfolg. Josefs Umstände konnten ihn nicht kleinhalten – obwohl er anfangs nichts besaß, hatte er am Ende alles, denn irgendwann wurde er zur rechten Hand des Pharaos!

Mein Freund, es ist die Gegenwart des Herrn in deinem Leben, die dich aus der Grube heraus in den Palast hinein versetzt. Und er hat versprochen, dich auf deiner Lebensreise nie aufzugeben oder im Stich zu lassen. Danke ihm, dass er immer mit dir ist, und verlasse dich in allem, was du tust, auf seine Gunst. Dann wirst du erleben, wie er jeden Rückschlag in ein Sprungbrett verwandelt – hin zu größerem Segen.

Das spreche ich im Glauben aus

Da mein Herr Jesus mit mir und für mich ist, werde ich überall, wo ich hingestellt werde, und in allem, was ich anfasse, Erfolg haben.

Seine Gegenwart in meinem Leben bewirkt, dass ich der Kopf bin und nicht der Schwanz, dass es mit mir immer nur aufwärts geht und nicht abwärts, dass ich verleihen werde, aber nichts ausleihen muss.

Mein Erfolg gründet nicht auf das, was ich habe, sondern darauf, wen ich habe: den Herrn Jesus Christus, der mich nie aufgibt oder verlässt.

Persönliche Reflexion

Was löst das Wissen in dir aus, dass der allmächtige Herr, der dich unermüdlich liebt, stets mit dir ist, um dich zu beschützen und zu versorgen? Worum kannst du ihn auf dieser Grundlage mit Blick auf dein Arbeits- und dein Familienleben vertrauensvoll bitten?

ZUSAGE 21

GOTT ERFÜLLT MEINE HERZENSWÜNSCHE

Gottes Zusagen an mich

Freu dich am Herrn, und er wird dir geben,
was dein Herz wünscht.

PSALM 37,4

Er erfülle dir, was dein Herz wünscht,
und lasse deine Pläne gelingen.

PSALM 20,5

Das Warten der Gerechten wird Freude werden,
aber die Hoffnung der Gottlosen wird verloren sein.

SPRÜCHE 10,28 SLT

Ein Wort der Ermutigung an mich

Ich weiß, dass manche Männer sich davor scheuen, Vater zu werden, weil sie befürchten, nicht mehr alles tun zu können: »Dann muss ich die Bowling-Abende mit meinen Kumpels aufgeben.« »Kinder zu haben, kostet so viel Geld. Dann kann ich mein Traumauto vergessen.«

Es stimmt: Elternsein erfordert Opfer und bringt neue Verantwortlichkeiten mit sich. Aber das bedeutet nicht, dass der Herr plötzlich nicht mehr in der Lage ist, dir deine Herzenswünsche zu erfüllen. Sein Wort verspricht: Wenn du dich am Herrn freust, *wird* er dir geben, was dein Herz sich wünscht.

Wenn du den Herrn höherstellst als deine persönlichen Ziele und sogar höher als deine Kinder, wirst du erleben, wie sich alles wunderbar fügen wird. Du wirst genügend Zeit für deine Kinder und auch für dich selbst haben. Der Herr kann neue Wünsche in dich hineinlegen und dich von den ungesunden befreien.

Du liebst dein Hobby oder deinen Sport nach wie vor? Dann freu dich auf die Zeit, wenn du dein Wissen und dein Können an dein Kind weitergeben kannst. Gott kann dir zeigen, wie du trotzdem noch tun kannst, was du liebst, während du gleichzeitig eine tiefe Beziehung zu deinem Kind aufbaust!

Das spreche ich im Glauben aus

Auch wenn das Vatersein Opfer erfordert und neue Verantwortlichkeiten mit sich bringt, ist der Herr immer noch in der Lage, mir meine Herzenswünsche zu erfüllen.

Jesus wird mir zeigen, wie ich genügend Zeit für meine Kinder und auch für mich selbst haben kann. Er wird dafür sorgen, dass meine Kinder mein Leben bereichern und mit Freude füllen.

Persönliche Reflexion

Schreibe deine Herzenswünsche auf und übergib sie dem Herrn. Bitte ihn, dass er sie dir zur richtigen Zeit erfüllt.

ZUSAGE 22

DER GOTT DES FRIEDENS STILLT MEINE STÜRME

Gottes Zusagen an mich

Frieden hinterlasse ich euch; meinen Frieden gebe ich euch. Nicht wie die Welt gibt, gebe ich euch; euer Herz erschrecke nicht und verzage nicht!

JOHANNES 14,27 SLT

Und nun, liebe Freunde, lasst mich zum Schluss noch etwas sagen: Konzentriert euch auf das, was wahr und anständig und gerecht ist. Denkt über das nach, was rein und liebenswert und bewunderungswürdig ist, über Dinge, die Auszeichnung und Lob verdienen. … und der Gott des Friedens wird mit euch sein.

PHILIPPER 4,8–9

Mein Sohn, achte auf das, was ich dir sage. Höre meinen Worten gut zu. Vergiss sie nicht, sondern bewahre sie tief in deinem Herzen, denn sie schenken jedem, der ihren Sinn versteht, Leben und Gesundheit.

SPRÜCHE 4,20–22

Ein Wort der Ermutigung an mich

Falls du jemand bist, der Angst bekommt, wenn er schlechte Nachrichten hört, musst du wissen, wann du die Nachrichten ausschalten und auf Gottes Wort hören solltest. Ängste und Befürchtungen entstehen, wenn man schlechte Nachrichten hört und dann ständig darüber nachdenkt. Glaube und Friede entstehen auf die gleiche Weise: indem du hörst, was Gott in seinem Wort zusagt, und dann darüber nachdenkst.

Wenn du dein Herz vor Furcht bewahren und göttlichen Frieden erleben willst, musst du darauf achten, was du dir ansiehst und anhörst und worüber du nachdenkst. Wenn du mit Ängsten und Panikattacken zu kämpfen hast, filtere den Müll heraus und lass nur das reine Wort des Lebens in dich hinein. Wende dein Ohr Gottes Wort zu und höre dich in Frieden, Gesundheit und Wohlbefinden hinein.

Behalte im Sinn, dass man einen Gedanken durch einen anderen Gedanken heilen muss! Also *ersetze* die negativen Gedanken mit Gottes Gedanken, indem du dir immer wieder Predigten über Gottes Zusagen anhörst und über sie nachdenkst. Auf diese Weise wird der Gott des Friedens sich dir zeigen, um deine Ängste zu beruhigen und die Stürme deines Lebens zu stillen.

Das spreche ich im Glauben aus

Der Gott des Friedens – mein Herr Jesus – lebt in mir und ist größer als jede beunruhigende Nachricht und jede Krise, die ich erlebe.

Wenn ich mich dafür entscheide, Gottes Wort zu lesen und zu hören und darüber nachzudenken, wird sein Friede mein Herz und meine Gedanken behüten. Und sein Wort wird meinem Körper Heilung und Leben bringen.

Persönliche Reflexion

Worüber denkst du immer wieder nach – über deine Probleme oder Gottes Zusagen? Schreibe dir zwei oder drei Zusagen Gottes auf, die sich auf deine Lebenslage beziehen, und denke im Laufe des Tages immer wieder darüber nach.

ZUSAGE 23

GOTT GIBT MIR SCHLAF, WEIL ER MICH LIEBT

Gottes Zusagen an mich

Ich werde mich in Frieden niederlegen und schlafen; denn du allein, HERR, lässt mich sicher wohnen.

PSALM 4,9 SLT

Der dich behütet, schläft nicht. Siehe, der Israel behütet, wird nicht müde und schläft nicht.

PSALM 121,3–4

Der Herr selbst muss das Haus bauen, sonst arbeiten die Bauleute vergeblich. Der Herr selbst muss die Stadt beschützen, sonst ist jede Wache umsonst. Was könnt ihr denn ohne Gott erreichen? In aller Frühe steht ihr auf und arbeitet bis tief in die Nacht; mit viel Mühe bringt ihr zusammen, was ihr zum Leben braucht. Das gibt Gott den Seinen im Schlaf! [Oder: Den Seinen gibt er (gesunden) Schlaf.]

PSALM 127,1–2 GNB

Ein Wort der Ermutigung an mich

Viele Eltern klagen über Schlafmangel! Sie stehen für ihre Schulkinder früh auf und gehen erst spät zu Bett, nachdem sie die liegengebliebene Arbeit erledigt haben. Und wenn sie einmal früher schlafen gehen können, rauben ihnen Befürchtungen und Gedanken über Arbeit und Familie oft den erholsamen Schlaf.

Wenn dir das nur allzu bekannt vorkommt, darfst du wissen: Gott will nicht, dass du dich im Bett hin und her wälzt und nicht gut schlafen kannst. Warum solltest du wachbleiben, wenn er doch schon »wachbleibt«, um dich und deine Familie zu behüten? Und weißt du, dass Gott dir sogar dann etwas geben kann, wenn du schläfst? Salomo bekam von Gott die benötigte Weisheit im Schlaf geschenkt!

Lieber Freund, lerne, deine Sorgen loszulassen und sie an Gott abzugeben, damit Gott die Leitung übernehmen kann. Erlaube ihm, der nicht müde wird und nicht schläft, »das Haus« für dich zu bauen. Erlaube ihm, dein liebender, himmlischer Vater zu sein, der dich und deine Familie versorgt und dir in allen Unternehmungen Erfolg schenkt – und schlafe ab jetzt wie ein Baby!

Das spreche ich im Glauben aus

Ich werde mich hinlegen und unbesorgt schlafen. Denn der Herr selbst, der nicht müde wird und nicht schläft, behütet mich und meine Familie.

Selbst wenn ich schlafe, kann der Herr mich mit dem versorgen, was ich brauche. Ich entscheide mich, in seiner Liebe zu ruhen und wie ein Baby zu schlafen!

Persönliche Reflexion

Wenn dich nachts etwas wachhält, übergib es dem Herrn Jesus im Gebet und mach dir bewusst, dass er ab jetzt daran arbeitet. Wenn du dir danach immer noch Sorgen machst, frage dich: »Wenn er, der nicht müde wird und nicht schläft, mich behütet und sich um das, was mich beschäftigt, kümmert, warum sollte diese Situation dann mir den Schlaf rauben?«

ZUSAGE 24

GOTT RETTET MICH UND MEINE FAMILIE VOR DER SCHLINGE DES FEINDES

Gottes Zusagen an mich

Ja, er wird dich retten vor der Schlinge des Vogelstellers und vor der verderblichen Pest.

PSALM 91,3 SLT

Wenn der Herr deine Zuflucht ist, wenn du beim Höchsten Schutz suchst, dann wird das Böse dir nichts anhaben können, und kein Unglück wird dein Haus erreichen.

PSALM 91,9–10

Der Herr wird mich vor jedem bösen Angriff retten und mich sicher in sein himmlisches Reich bringen. …

2. TIMOTHEUS 4,18

Ein Wort der Ermutigung an mich

Oft suchen unsere Kinder bei uns Sicherheit und Trost. Als Väter (und echte Kerle!) ist es ganz natürlich, dass wir unsere Familien beschützen wollen – aber leider sind unsere Möglichkeiten begrenzt!

Die Gefahren dieser Welt sind real, aber Gott sei Dank haben wir einen mächtigen Retter, der noch viel realer ist. Und er ist sehr wohl in der Lage, uns vor allen unsichtbaren Fallen des Feindes und allen tödlichen Krankheiten und Viren zu retten.

Um unter Gottes schützende Flügel zu kommen, müssen wir uns nur demütigen und ihm sagen, wie sehr wir seinen allumfassenden Schutz brauchen. Er wartet nur darauf, dass wir ihn in unsere täglichen Aktivitäten einbeziehen, damit er uns rund um die Uhr vollkommen beschützen kann.

Glaube also Gottes Schutzzusagen und sprich sie immer wieder über dich selbst und deine Familie aus. Wenn du deinen Glauben auf diese Weise bekennst, hört der ganze Himmel es und wird dich und die Deinen vor jedem Unheil, jeder Gefahr und jeder Zerstörung beschützen und retten. Amen!

Das spreche ich im Glauben aus

Ja, der Herr wird mich und meine Familie vor jeder Falle bewahren, die der Feind uns stellt, und uns angesichts von Krankheitsausbrüchen schützen.

Ich glaube daran, dass der Herr uns beschützt. Wir befinden uns unter seinen schützenden Flügeln, wo keine Waffe etwas gegen uns ausrichten kann (siehe Jes 54,17).

Persönliche Reflexion

Ist dir bewusst, dass uns – in Anbetracht unserer menschlichen Begrenzungen – nur unser Herr Jesus rund um die Uhr allumfassenden Schutz geben kann? Sag ihm jeden Tag, wie sehr du und deine Familie seinen Schutz brauchen und darauf angewiesen sind.

ZUSAGE 25

DER HERR HEILT ALLE MEINE KRANKHEITEN

Gottes Zusagen an mich

»Ich bin der Herr, der euch gesund macht.«

2. MOSE 15,26

Dennoch: Er nahm unsere Krankheiten auf sich und trug unsere Schmerzen. … Er wurde gestraft, damit wir Frieden haben. Durch seine Wunden wurden wir geheilt!

JESAJA 53,4–5

Lobe den Herrn, meine Seele, und vergiss all das Gute nicht, das er für dich tut. Er vergibt dir alle deine Sünden und heilt alle deine Krankheiten.

PSALM 103,2–3

Ein Wort der Ermutigung an mich

Du möchtest, dass deine Kinder gesund und unversehrt sind. Und genauso möchte dein himmlischer Vater, dass auch du – sein geliebtes Kind – gesund und unversehrt bist. Und damit du diese Segnung haben kannst, bezahlte er den höchsten Preis: Er sandte seinen Sohn, unseren Herrn Jesus Christus, auf die Erde, um unsere Sünden zu sühnen und unsere Krankheiten zu tragen.

Weil du an Jesus und sein vollbrachtes Werk glaubst, hast du heute nicht nur das bluterkaufte Recht auf Vergebung aller Sünden, sondern auch auf Heilung aller Krankheiten! Es ist so, wie der Psalmist verkündet: Der Herr »vergibt dir alle deine Sünden« und »heilt alle deine Krankheiten«.

Ganz gleich also, welche Krankheit du hast, stelle dir immer vor, dass sie an Jesu Kreuz genagelt wurde. Nimm außerdem so oft wie möglich das Abendmahl – in dem Bewusstsein, dass das Brot den Körper Jesu symbolisiert, der zerbrochen wurde, damit deiner heil sein kann, und dass sein Blut für die vollständige Vergebung deiner Sünden vergossen wurde. Ich glaube mit dir, dass du deine volle Gesundheit und Stärke zurückbekommen wirst. Amen!

Das spreche ich im Glauben aus

Der Herr, der heute immer noch heilt, ist für mich und meine Familie der wichtigste Arzt – wir vertrauen auf ihn.

Keine Krankheit in unseren Körpern wird etwas gegen uns ausrichten können – der Herr, unser Arzt, wird uns befreien und uns Gesundheit und Stärke zurückgeben.

Jesus hat am Kreuz alle unsere Sünden und Krankheiten getragen. Und durch seine Wunden sind wir geheilt!

Persönliche Reflexion

Gott hat dir bereitwillig das Beste des Himmels geschenkt: Jesus. Denkst du, dass er dir dann ein geringeres Geschenk – Heilung – vorenthalten würde? Strecke dich heute im Glauben aus und ergreife deine Heilung, die Jesus mit seinem eigenen Körper für dich erkauft hat.

ZUSAGE 26

JESUS HAT DEN PREIS FÜR MEINE HEILUNG BEREITS BEZAHLT

Gottes Zusagen an mich

*Er wurde gestraft, damit wir Frieden haben.
Durch seine Wunden wurden wir geheilt!*

JESAJA 53,5

An seinem eigenen Körper hat er unsere Sünden an das Kreuz hinaufgetragen, damit wir für die Sünde tot sind und für die Gerechtigkeit leben können. Durch seine Wunden seid ihr geheilt worden!

1. PETRUS 2,24

Ein Wort der Ermutigung an mich

Ein Vater aus Houston hasste es, nicht das gewünschte erfolgreiche Familien- und Arbeitsleben zu haben. Mit zehn Jahren hatte er sich bei einem Rückwärtssalto den Rücken so schwer verletzt, dass er seitdem chronische Schmerzen hatte, die ihn buchstäblich lähmten.

Er sagte: »Ich wusste, dass meine Frau und meine zwei wunderbaren Kinder sich einen Ehemann und Vater wünschten, mit dem sie lustige Sachen unternehmen könnten. Aber ich konnte diese Dinge einfach nicht tun. Wir konnten nicht gemeinsam in den Park gehen und dort spielen. Auch mein Arbeitsleben war frustrierend, weil ich mich oft krank melden musste.«

Doch je öfter dieser Vater mich im Fernsehen über das Evangelium der Gnade predigen hörte, desto mehr begriff er, dass Jesus mit seinem Opfer bereits für seine Heilung bezahlt *hatte*. Er verstand, dass er sie sich nicht erst verdienen musste. Eines Tages hörte er mich wieder einmal predigen. Als ich seine Erkrankung beim Namen nannte, empfing er Gottes Heilung – und zwanzig Jahre voller Schmerzen gingen zu Ende!

Mein Freund, es geht nicht um einen Preis, den du zahlen musst. Es geht um den Preis, den *Jesus* auf Golgatha bereits gezahlt hat. Wenn du diese Wahrheit kennst, kann dich nichts davon abhalten, freimütig deine Heilung zu empfangen!

Das spreche ich im Glauben aus

Nicht das, was ich zu tun vermag, sondern das, was Jesus auf Golgatha getan hat, qualifiziert mich für Gottes Segen der vollständigen Heilung.

Jesus hat meine Krankheiten und Schmerzen getragen. Die Strafe – als Preis für meinen Frieden, meine Gesundheit und meinen Erfolg – wurde auf ihn gelegt, und durch seine Wunden bin ich geheilt!

Persönliche Reflexion

Denke darüber nach, dass Jesus am Kreuz den höchsten Preis für deine vollständige Heilung gezahlt hat. Schreibe eine Freizeit- oder Alltagsaktivität auf, die du als vom Herrn Geheilter mit deinen Kinder unternehmen würdest, und dann stelle dich auf die Zusagen, die in Gottes Wort zu finden sind.

ZUSAGE 27

GOTT MACHT MEINE KINDER WIEDER GESUND

Gottes Zusagen an mich

Als aber Jesus das hörte, antwortete er ihm [Jairus]: Fürchte dich nicht; glaube nur, so wird sie gesund!

LUKAS 8,50 LUT

Und Jesus befahl dem Dämon, und er fuhr von ihm aus, und der Knabe war gesund von jener Stunde an.

MATTHÄUS 17,18 SLT

Da antwortete Jesus und sprach zu ihr: O Frau, dein Glaube ist groß; dir geschehe, wie du willst! Und ihre Tochter war geheilt von jener Stunde an.

MATTHÄUS 15,28 SLT

Ein Wort der Ermutigung an mich

Es bringt uns große Freude, wenn unsere Kinder sich vor Lachen auf dem Boden wälzen oder sich auf dem Spielplatz vergnügen. Und es bricht uns das Herz, wenn sie krank sind und vor Schmerzen weinen.

Wenn dein Kind krank ist, tu was nötig ist und geh mit ihm zum Arzt. Aber bitte den Herrn zur gleichen Zeit um Weisheit, Gunst und vollständige Heilung und vertraue ihm. Lies dir die Berichte in den Evangelien durch, in denen Jesus Kinder geheilt hat (wie zum Beispiel Jairus' Tochter und den besessenen Jungen) – und erkenne darin, wie barmherzig Jesus ist und dass er auch dein Kind gesund machen will. Wenn wir, die wir unvollkommen sind, unsere Kinder lieben und wollen, dass es ihnen gut geht, wie viel mehr dann der Herr, der vollkommen und allmächtig ist.

Nimm dir auch die Zeit, um mit und für dein Kind zu beten, und versichere deinem Kind, dass alles gut werden wird, weil der Herr allmächtig und voller Barmherzigkeit ist und immer treu zu seinen Zusagen steht!

Das spreche ich im Glauben aus

Der Herr ist derselbe gestern, heute und für immer. So wie er in den Evangelien Kinder geheilt hat, heilt er heute auch mein Kind.

Ich werde keine Angst haben. Ich vertraue dem Herrn, der mein Rufen hört und mein Kind ganz sicher wieder gesund machen wird. Keine Krankheit wird als »Waffe« etwas gegen uns ausrichten können.

Persönliche Reflexion

Schon während du dem Herrn vertraust und dankst, dass er dein Kind wieder gesund machen wird, stell dir vor, dass dein Kind voller göttlicher Gesundheit ist und mit Spaß seiner Lieblingsbeschäftigung nachgeht.

ZUSAGE 28

WIE DEN ADLER MACHT GOTT MICH WIEDER JUNG

Gottes Zusagen an mich

Doch die, die auf den Herrn warten, gewinnen neue Kraft. Sie schwingen sich nach oben wie die Adler. Sie laufen schnell, ohne zu ermüden. Sie gehen und werden nicht matt.

JESAJA 40,31

Der dein Alter mit Gutem sättigt, dass du wieder jung wirst wie ein Adler.

PSALM 103,5 SLT

»Ich will ihn sättigen mit langem Leben und ihn schauen lassen mein Heil!«

PSALM 91,16 SLT

Ein Wort der Ermutigung an mich

Einer meiner Lieblingscharaktere in der Bibel, der für Stärke und langes Leben steht, ist Kaleb. Mit *fünfundachtzig* Jahren sagte Kaleb mutig zu Josua, dem damaligen Anführer der Israeliten, dass er immer noch so stark im Kampf sei wie mit fünfundvierzig Jahren (siehe Jos 14,10–12).

Dieser Mann war noch nicht bereit, einzupacken und es langsamer angehen zu lassen. Er war nicht bereit, Feierabend zu machen. Er sagte nicht: »Dafür bin ich langsam zu alt.« Nein, er war bereit, einen Kampf mit Riesen anzuzetteln, um einen Berg zu erobern! Und er ließ seinen Worten Taten folgen: Er vertrieb die Riesen, die das Land bewohnten, und brachte Hebron in seinen Besitz.

Was war Kalebs Geheimnis, um trotz zunehmenden Alters jung und stark zu bleiben? Er hielt seine Augen auf den Herrn gerichtet. Und er hielt an der Zusage fest, dass der Herr seinem Volk das Land geben würde. Mein Freund, achte *nicht* auf das, was die Welt über das Altern sagt, sondern auf den Herrn und seine Zusage, deine Jugend und deine Kraft zu erneuern. Dann wirst auch du jung und stark bleiben.

Das spreche ich im Glauben aus

Der Herr gibt mir neue Kraft und erneuert meine Jugend wie die des Adlers. Er schenkt mir anhaltende Frische und Energie für meine Arbeit und Familie.

So wie mein Herr Jesus ist – gesund und stark –, bin auch ich in dieser Welt (siehe 1Joh 4,17). Ich werde laufen, ohne zu ermüden. Ich werde gehen und nicht matt werden.

Ich werde ein starkes und langes Leben führen, das voll ist mit der Güte und Barmherzigkeit des Herrn. Und ich werde mit meiner Familie viele gute Tage genießen.

Persönliche Reflexion

Kaleb war mit fünfundachtzig Jahren immer noch stark im Kampf – obwohl er unter dem alten Bund lebte. Solltest du dann etwas Geringeres erwarten? Schließlich lebst du unter dem neuen Bund, der auf besseren Zusagen gegründet ist (siehe Hebr 8,6)! Nimm dir etwas Zeit, um über die heutigen Bibelstellen nachzudenken und dem Herrn für diese Zusagen zu danken. Und erwarte für die kommende Zeit, dass deine Gesundheit und Stärke erneuert werden.

ZUSAGE 29

KEIN BEDÜRFNIS IST FÜR DEN HERRN ZU »SPEZIELL«

Gottes Zusagen an mich

Siehe, ich, der HERR, bin der Gott alles Fleisches; sollte mir irgendetwas unmöglich sein?

JEREMIA 32,27 SLT

»Bei Gott ist alles möglich.«

MATTHÄUS 19,26

Und alles, was ihr bitten werdet in meinem Namen, das will ich tun, damit der Vater verherrlicht wird in dem Sohn. Wenn ihr etwas bitten werdet in meinem Namen, so werde ich es tun.

JOHANNES 14,13–14 SLT

Ein Wort der Ermutigung an mich

Es bricht mir das Herz, wenn ich Kinder mit Behinderungen sehe. Es ist für mich nur schwer vorstellbar, welchen Schmerz, welche Herausforderungen und welchen Frust Kinder mit besonderen Bedürfnissen und ihre Eltern durchleben.

Wenn du ein Kind mit besonderen Bedürfnissen hast, möchte ich dich wissen lassen: Gott sieht alles, was du für und mit deinem Kind durchlebst. In den schwierigsten Momenten ist er bei dir. Er kümmert sich um dich, mein Freund, und er wird alles tun, worum du in seinem Namen bittest.

Du darfst wissen: Gott kann und will dir alles geben, was du brauchst. Egal, worum es dabei geht: die richtige Diagnose, die besten gesellschaftlichen und pädagogischen Chancen für dein Kind, den Umgang mit den Auswirkungen auf vorhandene Geschwister – oder um den passenden Babysitter, damit du Zeit allein mit deiner Frau verbringen kannst.

Weil du und dein Kind besondere Herausforderungen durchleben, sind Gottes Gnade und Stärke für euch im Überfluss verfügbar. Ich bete, dass du in der kommenden Zeit Gottes überproportionale Gnade für jede Schwierigkeit und jedes Bedürfnis erfährst!

Das spreche ich im Glauben aus

Der Herr liebt mein Kind und mich. Er sieht alles, was wir durchleben. Und er wird den Weg freimachen, damit alle meine Bedürfnisse gestillt werden.

Wenn ich erschöpft bin, ist Gott meine Stärke und Freude. Wenn ich verwirrt bin, ist er meine Weisheit und Unterstützung. Ganz gleich, wie unüberwindbar unsere Herausforderungen erscheinen: Er ist unser allgegenwärtiger Helfer und Sieg!

Persönliche Reflexion

Gibt es etwas, was du oder dein Kind dringend brauchen? Schreib es als Gebetsanliegen auf und lege es dem Herrn hin. Ich glaube mit dir, dass unser Herr Jesus dir weitaus mehr als das Benötigte geben wird.

ZUSAGE 30

GOTT VERSORGT MICH MIT DEM DOPPELTEN

Gottes Zusagen an mich

Anstelle eurer Scham werdet ihr doppelte Ehre erhalten, und anstelle von Verwirrung werden sie sich an ihrem Anteil erfreuen. Darum werden sie in ihrem Land das Doppelte besitzen.

JESAJA 61,7 NKJV

Fürchte dich nicht, denn du wirst nicht beschämt werden! Schäme dich nicht, denn du sollst nicht zuschanden werden; denn du wirst die Schande deiner Jugend vergessen, und an die Schmach deiner Witwenschaft wirst du nicht mehr gedenken.

JESAJA 54,4 SLT

Heute verheiße ich, dass ich euch doppelten Ersatz geben werde!

SACHARJA 9,12

Ein Wort der Ermutigung an mich

Alleinerziehende haben den wahrscheinlich anspruchsvollsten Job der Welt. Aber wusstest du, dass du als alleinerziehender Vater Gott darum bitten kannst, dich für die Kindererziehung doppelt zu salben, damit du deinen Kindern auch das geben kannst, was sie von einer Mutter brauchen?

Elisa bat Elia um einen doppelten Anteil seines Geistes – doppelte Salbung und doppelte Kraft –, und er bekam ihn (siehe 2Kön 2,9). Genauso darfst du wissen: Wenn Gott dir zurückgibt, was du verloren hast, ist es seine Art, es dir doppelt zu erstatten – »Ich werde dir doppelten Ersatz geben!« Für deine Schwierigkeiten bekommst du das Doppelte an Gutem zurück!

Mein Freund, du musst dich nicht schämen oder befürchten, dass deine Kinder im Leben zu kurz kommen könnten, weil ihnen die Mutter fehlt. Der Herr sagt: Anstelle von Scham wirst du doppelte Ehre erhalten. Vertraue darauf, dass dein himmlischer Vater – der väterlich und mütterlich sein kann (siehe Mt 23,37) – dich in der Kindererziehung mit allem versorgt, was du brauchst, selbst wenn es dabei um mütterliche Instinkte und mütterliche Liebe geht.

Das spreche ich im Glauben aus

Welche Defizite oder Einbußen ich als alleinerziehender Vater auch habe: Der Herr gibt mir und meinen Kindern das Doppelte zurück.

Meine Kinder werden in nichts zu kurz kommen, denn mein Gott rüstet mich mit einer doppelten Salbung aus, damit ich ihnen alles geben kann, was sie brauchen.

Persönliche Reflexion

Egal, ob du alleinerziehender Vater bist oder ob du in der Kindererziehung ganz einfach an deine Grenzen kommst: Erzähle dem Herrn offen und ehrlich, was du für dich selbst und für deine Kinder brauchst, und bitte ihn um seine Versorgung in diesen Bereichen. Und dann erwarte, dass er dir als Ausgleich das Doppelte geben wird!

ZUSAGE 31

DER HERR HILFT MIR, MEINE ZEIT GUT ZU NUTZEN

Gottes Zusagen an mich

»Lebt mit mir und arbeitet mit mir – schaut zu, wie ich es mache. Lernt, im ungezwungenen Rhythmus der Gnade zu leben. Ich werde nichts Schweres oder Unpassendes auf euch legen. Bleibt in meiner Nähe und ihr werdet lernen, in Freiheit und Leichtigkeit zu leben.«

MATTHÄUS 11,28–30 MSG

Ein Mensch kann seinen Weg planen, seine Schritte aber lenkt der Herr.

SPRÜCHE 16,9

Ein Wort der Ermutigung an mich

Es gab da ein paar Väter und Mütter, die von Jesu Jüngern ganz schön was zu hören bekamen, als sie ihre Kinder zu Jesus bringen wollten. Diese Eltern wollten einfach nur, dass Jesus sie segnete. Doch seine Jünger dachten offenbar, er sei zu beschäftigt, um sich Zeit für ein paar Kinder zu nehmen.

Unser Herr Jesus bemerkte es, unterbrach, was er gerade tat, und hieß die Kinder willkommen. Er umarmte sie auch und legte ihnen segnend die Hände auf (siehe Mk 10,13–16)! Ja, Jesus war zwar damit »beschäftigt«, den Willen seines Vaters zu tun, aber er hatte immer Zeit für Menschen, die ihn aufsuchten – und er zeigte sich ihnen gegenüber nie ungeduldig oder genervt.

Mein Freund, dein liebender Retter ist der Herr der Zeit. Wer könnte dir also besser helfen als Jesus selbst, wenn es darum geht, deine Zeit gut zu nutzen? Wenn du ihm erlaubst, dich jeden Tag zu leiten, wirst du erleben, wie du zur richtigen Zeit das Richtige tust – du wirst die richtigen Prioritäten setzen und auch genügend Zeit für deine Familie haben. Du wirst weniger in Hektik sein und deshalb nicht mehr so gestresst. Du wirst Zeit für die kleinen Dinge des Lebens haben und deine Kinder beim Großwerden begleiten können.

Das spreche ich im Glauben aus

Der Herr der Zeit lehrt mich, wie ich meine Zeit weise nutzen und aus jeder Gelegenheit das Beste machen kann.

Wenn ich mit ihm arbeite und lerne, in seinem ungezwungenen Rhythmus der Gnade zu leben, werde ich in den Genuss von ruhevollem Wachstum und bewusst erlebter Zeit mit meiner Familie kommen.

Persönliche Reflexion

Findest du nicht auch, dass unsere Kinder wirklich schnell erwachsen werden? Erzähle dem Herrn, wie gerne du für deine Kinder da sein möchtest. Bitte ihn, dir zu helfen, deine Zeit gut zu nutzen. Falls du Zeit vergeudest hast, bitte ihn, dass er sie dir erstattet – und vertraue darauf, dass er dir zeigt, wie du die verlorene Zeit mit deinen Kindern wieder wettmachen kannst.

ZUSAGE 32

WENN ICH IN JESUS RUHE, WERDE ICH EIN BESSERER VATER

Gottes Zusagen an mich

*Dann sagte Jesus: »Kommt alle her zu mir,
die ihr müde seid und schwere Lasten tragt,
ich will euch Ruhe schenken.«*

MATTHÄUS 11,28

Wir alle aber, indem wir mit unverhülltem Angesicht die Herrlichkeit des Herrn anschauen wie in einem Spiegel, werden verwandelt in dasselbe Bild von Herrlichkeit zu Herrlichkeit, nämlich vom Geist des Herrn.

2. KORINTHER 3,18 SLT

Ein Wort der Ermutigung an mich

Wenn du arbeitest, ruht Gott; wenn du ruhst, arbeitet er. Und wenn Gott in dir und durch dich wirkt und arbeitet, erzielst du viel bessere Ergebnisse!

Ein Vater aus Kanada schrieb mir und erzählte, wie er ein besserer Vater und Ehemann wurde, als er dem Evangelium der Gnade zuhörte und in Jesu Liebe und seinem vollbrachten Werk ruhte:

> *Ich erkannte, wie sehr ich mich bemüht und abgerackert hatte, um Anerkennung zu bekommen – und am Ende war ich nur erschöpft und wütend. Als ich dann aber Sie über Jesus predigen hörte, lernte ich, wie ich völlig in ihm ruhen kann. Dadurch bin ich ein viel besserer Vater und Ehemann geworden. Es hat so viel Stabilität und Segen in mein Leben gebracht, mein Glaube wächst und wächst. Und dann ist da noch diese unglaubliche Freude, die mein Leben immer besser macht. Das kann nur die Gnade bewirken, ohne sie geht es nicht.*

Mein Freund, konzentriere dich auf den Herrn Jesus, anstatt dich auf deine Anstrengungen zu fokussieren. Und er in seiner Gnade *wird* dich verwandeln – von Herrlichkeit zu Herrlichkeit!

Das spreche ich im Glauben aus

Ich ruhe in Jesu Liebe zu mir und glaube, dass er mich von innen heraus verändert und mich dadurch zu einem besseren Vater macht, als ich es durch eigene Anstrengungen je sein könnte.

Jesu vollbrachtes Werk schenkt mir in meinem Familienleben und in der Erziehung meiner Kinder den Sieg. Und während ich in diesem vollbrachten Werk ruhe, werde ich göttliche Ergebnisse, Heil-Sein und Freude erleben!

Persönliche Reflexion

Bringen dich deine eigenen Anstrengungen und Bestrebungen irgendwie weiter? Was wirst du in deinem Verhalten als Vater verändern, da du nun weißt, dass die Ergebnisse viel besser sind, wenn du in Jesu vollbrachtem Werk ruhst und dich auf seine Gnade verlässt?

ZUSAGE 33

GOTTES GNADE VERWANDELT MICH VÖLLIG

Gottes Zusagen an mich

Ja, Jesus Christus ist in die Welt gekommen, um Sünder zu retten. Auf dieses Wort ist Verlass; es ist eine Botschaft, die vollstes Vertrauen verdient. Und einen größeren Sünder als mich gibt es nicht! Doch gerade deshalb hat sich Jesus Christus über mich erbarmt: An mir als dem größten aller Sünder wollte er zeigen, wie unbegreiflich groß seine Geduld ist; ich sollte ein ermutigendes Beispiel für alle sein, die sich ihm künftig im Glauben zuwenden, um das ewige Leben zu erhalten.

1. TIMOTHEUS 1,15–16 NGÜ

In seiner Güte nimmt er uns fest bei der Hand und ändert unser Leben radikal.

RÖMER 2,4 MSG

Ein Wort der Ermutigung an mich

Ehe der Apostel Paulus dem Herrn begegnete, hatte er die Christen verbissen verfolgt. Damit ist er ein Paradebeispiel dafür, wie Gottes erstaunliche Gnade auch den schlimmsten Sünder rettet. Es zeigt uns, dass Gottes unverfälschte Gnade die Fähigkeit hat, das Leben von Menschen, die diese Gnade annehmen, zu seiner Ehre radikal zu verändern. Ich gebe dir ein Beispiel aus unserer Zeit. Ein ehemaliger Drogendealer schrieb mir:

> *Ich war früher ein Drogendealer und Aufreißertyp. Aber seit ich verstanden habe, wie bereitwillig Gott mir seine Gnade und seine unendliche Gunst und Barmherzigkeit geschenkt hat, hat sich mein Leben komplett gewandelt. Früher war ich ein Betrüger und als Vater ein totaler Versager. Doch dank Gottes unverdienter Gunst besitze ich jetzt zwei seriöse Unternehmen, bin ein guter Vater, und – was am wichtigsten ist – mir ist bewusst, dass ich das geliebte Kind von Jesus Christus bin.*

Alle Ehre sei dem Herrn für dieses wunderbare Zeugnis! Egal, wie kaputt dir dein Leben vorkommt – es kann sich zur Ehre Gottes völlig verändern, denn »in seiner Güte nimmt er uns fest an der Hand und ändert unser Leben radikal«!

Das spreche ich im Glauben aus

Mein Leben wird zur Ehre Gottes auf wunderbare Weise verändert, weil Gott mich bei der Hand nimmt und mir seine reine Gnade und liebevolle Freundlichkeit schenkt.

Gottes unendliche, unverdiente Gunst auf meinem Leben macht aus mir den besten Vater für meine Kinder.

Persönliche Reflexion

Welche Durchbrüche für dein Familienleben und deine Aufgabe als Vater erhoffst du dir von Gott? Bitte ihn, dass er dir zeigt, wie du seiner Gnade Zugang zu diesen Bereichen gewähren kannst, um dich zu seiner Ehre total zu verwandeln.

ZUSAGE 34

FREIHEIT VON VERURTEILUNG BRINGT DURCHBRÜCHE

Gottes Zusagen an mich

Und dieses Geschenk Gottes hat völlig andere Folgen als die Sünde jenes einen: Denn während die Sünde des einen zur tödlichen Verdammnis führte, werden viele trotz ihrer Sünden von Gott unverdient gerecht gesprochen.

RÖMER 5,16

Erwacht zur Gerechtigkeit und sündigt nicht.

1. KORINTHER 15,34 KJV

Wer will gegen die Auserwählten Gottes Anklage erheben? Gott [ist es doch], der rechtfertigt! Wer will verurteilen? Christus [ist es doch], der gestorben ist, ja mehr noch, der auch auferweckt ist, der auch zur Rechten Gottes ist, der auch für uns eintritt!

RÖMER 8,33–34 SLT

Ein Wort der Ermutigung an mich

Er hatte Schulden in Höhe von $ 166.000, ein erfolgloses Unternehmen und eine Tochter, die Drogen nahm. Viele Dinge liefen bei diesem Vater aus Kanada nicht besonders gut … bis er durch eines meiner Bücher Gottes Vergebung begegnete und erkannte, dass Gott ihn nicht mehr verurteilte – und das ohne sein Zutun! Er erzählte: »Während ich das Buch las, zeigte der Herr mir, dass jedes Mal, wenn ich eine Fehlentscheidung traf, der Feind die Reue über mein Versagen gegen mich nutzte.«

Als er das Evangelium in sein Herz aufnahm, wurde dieser Mann von Verurteilung und Schuldgefühlen frei. Außerdem lebte er zunehmend in der Kraft der Gerechtigkeit und erlebte, wie der Herr ihn von der Niederlage zum Sieg führte. Gott beglich die Schulden dieses Vaters auf übernatürliche Weise und schenkte ihm eine gutbezahlte Stelle. Und das Beste ist: Seine Tochter erlebte eine 180-Grad-Wende und ist jetzt Feuer und Flamme für den Herrn.

Verurteilung tötet und hält dich in einem Kreislauf der Niederlage gefangen. Aber wenn du Gottes Geschenk annimmst, nicht mehr verurteilt zu sein und Vergebung zu haben, die durch das Blut seines Sohnes erkauft wurde, wirst du in deinen Bereichen der Niederlage zunehmend Sieg erleben!

Das spreche ich im Glauben aus

Gott verurteilt mich nicht, denn er sieht mich in Christus Jesus – gereinigt von aller Sünde durch das kostbare Blut seines Sohnes.

Ich kann meine vergangenen Fehler hinter mir lassen und mich gemeinsam mit meiner Familie auf den Weg zu großartigen Segnungen machen.

Wenn ich das Geschenk annehme, dass Gott mich gerecht gemacht hat und mich nicht mehr verurteilt, empfange ich seine Kraft, um anstatt der Niederlagen Siege zu erleben.

Persönliche Reflexion

Führst du ein Leben der Selbstverurteilung und Reue, weil du in Bezug auf deine Kinder oder Familie vielleicht die falschen Entscheidungen getroffen hast? Sprich deine Vergebung und Gerechtigkeit in Christus aus, und erlaube der Kraft seiner Gnade, dein Familienleben zu verwandeln.

ZUSAGE 35

DER HERR WIRD MEINE KINDER VON ALLEM BÖSEN BEFREIEN

Gottes Zusagen an mich

»Kann man einem Starken seine Beute wegnehmen?«, fragst du. »Kann man die Opfer eines Tyrannen aus dem Kerker befreien?« Der HERR sagt: »Genau das wird geschehen: Die Gefangenen des Tyrannen werden befreit und dem Starken wird seine Beute entrissen. Ich selbst kämpfe gegen deine Feinde, ich selbst werde deine Kinder befreien.

JESAJA 49,24–25 GNB

Der Same [d. h. die Nachkommen] der Gerechten wird errettet.

SPRÜCHE 11,21 SLT

»Er hat mich gesandt, Gefangenen zu verkünden, dass sie freigelassen werden, Blinden, dass sie sehen werden, Unterdrückten, dass sie befreit werden und dass die Zeit der Gnade des Herrn gekommen ist.«

LUKAS 4,18–19

Ein Wort der Ermutigung an mich

Hast du ein Kind, das in Drogen oder schlechter Gesellschaft gefangen ist? Früher hat es immer »Papa, ich hab dich lieb« gesagt, und jetzt rebelliert es. Vielleicht ist es sogar ausgezogen und gibt sich einem zerstörerischen Lebensstil hin.

Wenn du dir Sorgen machst, weil dein Kind auf Abwege geraten ist oder wegen der Entscheidungen, die es trifft, dann habe ich eine ermutigende Nachricht für dich. Gott verspricht, dass die in Gefangenschaft gehaltenen Nachkommen der Gerechten befreit werden: »Ich werde deine Kinder retten.«

Weil du die Gerechtigkeit Gottes in Christus bist – gerecht nicht aufgrund deiner erzieherischen Fähigkeiten, sondern gerecht aus Glauben –, kannst du dieses Versprechen für dich und dein Kind in Anspruch nehmen. Du kannst dein Kind nicht retten, aber Gott kann es.

Ganz gleich, wo dein Kind sich aufhält und worin es gefangen ist, und egal, wie lange dieser Zustand schon anhält – du darfst wissen, dass die Gebete des Gerechten große Macht haben und viel bewirken können (siehe Jak 5,16). Deshalb vertraue darauf, dass Gott diejenigen angreift, die dich und deine Familie angreifen.

Das spreche ich im Glauben aus

Ich bin die Gerechtigkeit Gottes in Christus, und mein Same – mein geliebtes Kind – wird aus seinen schlechten Entscheidungen und von schlechten Einflüssen befreit werden!

Ich entscheide mich, nicht ängstlich oder besorgt zu sein. Stattdessen werde ich darauf vertrauen, dass der Herr mein Kind auf allen seinen Wegen bewahrt.

Gott wird das Herz meines Kindes wieder nach Hause bringen und ihm helfen, in seiner herrlichen Bestimmung zu leben, die ihm als Kind des Gerechten zusteht.

Persönliche Reflexion

Denke über die Zusagen der heutigen Bibelverse nach und fange an, im Glauben zu sehen, wie dein Kind zum Herrn zurückkommt und durch seine Gnade auf herrliche Weise gerettet wird!

ZUSAGE 36

WELCH EIN FREUND IST MEIN JESUS

Gottes Zusagen an mich

Ihr seid jetzt meine Freunde, denn ich habe euch alles gesagt, was ich von meinem Vater gehört habe.

JOHANNES 15,15

Ein wahrer Freund ist treuer als ein Bruder.

SPRÜCHE 18,24

Dieser Hohe Priester versteht unsere Schwächen, weil ihm dieselben Versuchungen begegnet sind wie uns, doch er wurde nicht schuldig. Lasst uns deshalb zuversichtlich vor den Thron unseres gnädigen Gottes treten. Dort werden wir Barmherzigkeit empfangen und Gnade finden, die uns helfen wird, wenn wir sie brauchen.

HEBRÄER 4,15–16

Ein Wort der Ermutigung an mich

Ich gehe gern mit dem Herrn im Park spazieren und schütte ihm dabei mein Herz aus. Das ist eine meiner liebsten Gebetsformen.

Wenn ich so bete, kann ich total ehrlich zu ihm sein. Ich muss mich dabei an keine festen Abläufe halten oder so tun, als wäre bei mir alles supergut. Wenn ich vor etwas Angst habe, kann ich ihm alles darüber erzählen. Wenn ich traurig bin, kann ich in seiner Gegenwart weinen. Wenn ich wütend bin, kann ich ihm erzählen, wie ich mich fühle.

Ich möchte dich ermutigen, ehrlich zu sein und Jesus als einen Freund zu sehen, dem du dich immer anvertrauen und auf den du dich immer stützen kannst. Rede offen mit ihm, wenn dich etwas beunruhigt und entmutigt hat. Du wirst spürbar seinen Frieden und seine Stärke erleben.

Jesus ist ein wahrer Freund, der niemals schockiert sein wird über das, was du ihm erzählst. Er hat Verständnis für deine Schwächen; er wird dich niemals verlassen und hat alle Macht, dir zu helfen. Welch ein Freund ist unser Jesus!

Das spreche ich im Glauben aus

Wenn niemand mich versteht, kann ich zu Jesus gehen und ihm von allem erzählen, was mich beunruhigt.

Jesus ist ein wahrer Freund – er wird mir mit Gnade zuhören und mich niemals verurteilen oder abschreiben. Er versteht, wie ich mich fühle, und hat alle Weisheit und Macht, mir und meiner Familie zu helfen.

Persönliche Reflexion

Du bist für unseren Herrn Jesus eine wahre Freude – und deshalb wartet er nur darauf, dass du mit ihm Zeit verbringst und ehrlich zu ihm bist. Erzähle ihm ganz offen davon, was dir heute auf dem Herzen liegt.

ZUSAGE 37

GOTTES LIEBE GIBT MIR DIE KRAFT, MEINE HERAUSFORDERUNGEN ZU ÜBERWINDEN

Gottes Zusagen an mich

Und siehe, eine Stimme [kam] vom Himmel,
die sprach: Dies ist mein geliebter Sohn,
an dem ich Wohlgefallen habe!

MATTHÄUS 3,17 SLT

… zum Preise der Herrlichkeit seiner Gnade,
mit der er uns begnadigt [o. angenehm gemacht]
hat in dem Geliebten.

EPHESER 1,6 ELB

Die Gnade des Herrn nimmt kein Ende!
Sein Erbarmen hört nie auf.

KLAGELIEDER 3,22

Ein Wort der Ermutigung an mich

Wie oft brachte Gott der Vater seine Liebe für seinen Sohn auf die folgende Weise zum Ausdruck: »Dies ist mein geliebter Sohn, an dem ich Wohlgefallen habe!« Zweimal – lautet die Antwort.

Das erste Mal geschah, als Jesus im Jordan getauft wurde, an einem der *niedrigsten* Orte in Israel. Das zweite Mal war, als Jesus auf einem *hohen* Berg verklärt wurde. Was will ich damit sagen?

Mein Freund, in Christus, dem Geliebten, bist du begnadigt bzw. hochbegünstigt. Und darum nennt der Vater auch dich sein geliebtes Kind – nicht nur an den Höhepunkten deines Lebens, sondern auch an deinen Tiefpunkten. Mit anderen Worten: Egal, ob du ins Ziel triffst oder nicht, er liebt dich!

Diese Wahrheit kannst du auch auf die Erziehung deiner Kinder übertragen – liebe deine Kinder genauso, wenn sie Fehler machen, und sag es ihnen auch. Gehe mit ihren Fehlern in angemessener Weise um, aber vergiss nicht, auch zu betonen, wie sehr und wie bedingungslos du sie liebst. Wenn wir wissen, dass wir immer geliebt sind, gibt uns das die Kraft, uns den Herausforderungen des Lebens zu stellen und sie zu überwinden.

Das spreche ich im Glauben aus

*Selbst wenn ich Fehler gemacht habe,
bin ich immer noch Gottes geliebtes Kind.
Ich glaube, dass mir diese Wahrheit hilft,
jede Herausforderung und Schwäche
zu überwinden!*

*Ich glaube, dass der Herr mir außerdem
helfen wird, meine Kinder daran zu
erinnern, dass ich sie auch dann liebe,
wenn sie Fehler machen.*

*Meine Kinder und ich können jede Widrigkeit
überwinden, weil wir wissen, dass wir zutiefst
geliebt sind und es auch immer sein werden.*

Persönliche Reflexion

Während du heute Gottes bedingungslose Liebe für dich annimmst, bitte ihn, dass er dir hilft, Gelegenheiten zu finden, um deinen Kindern zu sagen, dass du sie liebst – wenn sie etwas gut gemacht *und* wenn sie Fehler gemacht haben.

ZUSAGE 38

GOTT IST MIT MIR UND HILFT MIR, BESITZ ZU ERGREIFEN VON SEINEM GESCHENK

Gottes Zusagen an mich

Aber meinen Knecht Kaleb, in dem ein anderer Geist ist und der mir völlig nachgefolgt ist, ihn will ich in das Land bringen, in das er gegangen ist, und sein Same soll es als Erbe besitzen.

4. MOSE 14,24 SLT

So will ich auch mit dir sein;
ich will dich nicht aufgeben und
dich nicht verlassen. Sei stark und mutig!

JOSUA 1,5–6 SLT

Jeden Ort, auf den eure Fußsohlen treten, habe ich euch gegeben.

JOSUA 1,3 SLT

Ein Wort der Ermutigung an mich

Ich würde lügen, wenn ich sagen würde, dass Vatersein keine großen Herausforderungen mit sich bringt. Aber lass nicht zu, dass dich diese »Riesen« im Hinblick auf die Kindererziehung einschüchtern und davon abhalten, alles in Besitz zu nehmen, was Jesus dir und deiner Familie durch seinen Tod geschenkt hat.

Ich möchte dich ermutigen, stets einen anderen Geist zu haben als die Skeptiker, Nörgler und Zweifler. Sei anders – so wie Josua und Kaleb im Alten Testament. Hab einen Geist des Glaubens und sieh deine Riesen lediglich als Brot an, das dich nähren und stärken wird.

Mein Freund: Der Herr ist mit dir und für dich; mit seinem Blut hat er schon für alle deine Segnungen bezahlt – deswegen bist du sehr wohl imstande, jede Herausforderung zu überwinden und alles in Besitz zu nehmen, was rechtmäßig dir gehört.

Steh im Glauben auf und betritt das verheißene Land, das der Herr schon für dich vorbereitet hat. Zieh mit Stärke und Mut dort ein und ergreife für dich und deine Kinder alle wunderbaren Segnungen des Vaterseins und Familienlebens!

Das spreche ich im Glauben aus

Gott liebt mich und ist für mich. Darum habe ich einen anderen Geist als die Skeptiker und Nörgler – ich habe einen Geist des Glaubens!

Ich sehe meine Herausforderungen und Riesen lediglich als das Brot an, das mich nähren und stärken wird.

Je mehr ich im Namen Jesu alle Segnungen Gottes für ein gesegnetes Familienleben für mich in Anspruch nehme, desto mehr werde ich die Segnungen des Vaterseins und Familienlebens auch tatsächlich besitzen!

Persönliche Reflexion

Gibt es heute eine Herausforderung in deinem Vatersein, die du als Brot ansehen willst, das dich nur stärker machen wird? Dann sage es dem Herrn. Finde heraus, welche Zusagen er in seinem Wort gemacht hat in Bezug auf dein Anliegen, und erlebe, wie treu er sie in deinem Leben Wirklichkeit werden lässt.

ZUSAGE 39

GOTT SEGNET MICH, UND ICH KANN EIN SEGEN SEIN

Gottes Zusagen an mich

Ich bin gekommen, damit sie das Leben haben und es im Überfluss haben.

JOHANNES 10,10 SLT

Ihr kennt ja die große Liebe und Gnade von Jesus Christus, unserem Herrn. Obwohl er reich war, wurde er um euretwillen arm, um euch durch seine Armut reich zu machen.

2. KORINTHER 8,9

Gott aber ist mächtig, euch jede Gnade im Überfluss zu spenden, sodass ihr in allem allezeit alle Genüge habt und überreich seid zu jedem guten Werk,

2. KORINTHER 9,8 SLT

Ein Wort der Ermutigung an mich

Habe heute einen Geist des Glaubens. Glaube, dass dein himmlischer Vater dich liebt und dir ein überfließendes Leben geben will – kein »Ich bin zwar gerettet, aber ich kämpfe so vor mich hin«-Leben! Schließlich hat er seinen Sohn Jesus auf die Erde gesandt. Und Jesus kam, damit du Leben hast – und das »im Überfluss«.

Ein Ehepaar aus Australien hatte so viele Schulden, dass diese finanzielle Belastung fast ihre Ehe und Familie zerstört hätte. Sie erzählten mir, dass ihr Leben sich zu wandeln begann, als sie den Entschluss fassten, sich an Gottes bedingungslose Liebe zu ihnen zu erinnern. Dadurch begannen sie, ihre Entscheidungen anstatt aus Furcht vor Gott aus einem Gefühl seiner Zustimmung heraus zu treffen.

Heute sind sie absolut schuldenfrei. »Wir haben keine Hypothek. Unser Haus, Auto, Motorrad und Truck gehören vollständig uns. Wir müssen auch keine Schulgebühren abbezahlen.« Sie können sogar »andere Menschen segnen, sie zum Essen einladen und die Schulgebühren anderer Kinder bezahlen.«

Mein Freund, einen Geist des Glaubens zu haben, bedeutet einfach nur: Du glaubst, dass Gott dich liebt und dass er dich und deine Familie segnen will. Und wenn du gesegnet bist, vermagst du auch andere Menschen zu segnen und zu unterstützen.

Das spreche ich im Glauben aus

Jesus ist gekommen, um mir ein überfließendes Leben zu geben – und nicht ein Leben, in dem ich nur knapp über die Runden komme.

Wenn ich Gottes Liebe zu mir und meiner Familie zu meinem »Hauptfach« mache, sieht Gott das als Glauben an und schenkt uns in allem, was wir brauchen, eine Überversorgung.

Wir sind überreich gesegnet, damit wir ein Segen für andere sein können!

Persönliche Reflexion

Wenn du glaubst, dass Gott dich liebt und dir gegenüber immer gnädig ist, sieht er in dir einen Geist des Glaubens. Es ist dieser simple Glaube an Gottes Güte, durch den du gesegnet wirst und ein Segen für andere sein kannst!

ZUSAGE 40

ICH HABE DIE ANERKENNUNG MEINES HIMMLISCHEN VATERS

Gottes Zusagen an mich

Er [hat] uns begnadigt [o. angenehm gemacht] in dem Geliebten.

EPHESER 1,6 ELB

Durch seinen Tod am Kreuz in menschlicher Gestalt hat er euch mit sich versöhnt, um euch wieder in die Gegenwart Gottes zurückzuholen und euch heilig und makellos vor sich hinzustellen.

KOLOSSER 1,22

Nehmt einander an, wie Christus euch angenommen hat, denn dadurch wird Gott geehrt.

RÖMER 15,7

Ein Wort der Ermutigung an mich

John aus Kalifornien war zwar Christ, aber unglücklich. Er kämpfte sich von Niederlage zu Niederlage. Um sich Gottes Anerkennung zu verdienen, hatte er eine Unmenge von Aufgaben in der Kirchengemeinde übernommen. Trotzdem hatte er immer das Gefühl, es reiche einfach nicht, um Gott zufriedenzustellen. Dies war für ihn so schlimm, dass er, auch weil er pleiteging und darüber hinaus sein Vater an Krebs starb, sein Leben beenden wollte.

Weißt du, was Johns Leben eine neue Richtung gab? Er entdeckte, dass Gott ein Gott der Liebe ist und dass er sich die Liebe und Anerkennung seines himmlischen Vaters niemals verdienen musste, weil er sie durch Jesu Opfer *schon hatte*!

Mein Freund, dies sollst du wissen: Weil du in Christus, dem Geliebten, bist, wirst du von deinem himmlischen Vater schon geliebt und bist von ihm angenommen. Wenn deine Identität und dein Selbstwertgefühl in seiner unerschütterlichen Liebe zu dir verankert sind, wird dich das sicher, stabil und stark machen. Dein Dienst für ihn wird außerdem effektiv sein – aus der Ruhe heraus, anstatt aus Pflichtgefühl – und du wirst es genießen, ein Segen zu sein, nicht nur für deine leibliche Familie, sondern auch für deine Glaubensfamilie.

Das spreche ich im Glauben aus

In Christus, dem Geliebten, bin ich höchstbegünstigt – darum habe ich die Liebe und Anerkennung meines himmlischen Vaters!

Ich werde meine Schwächen überwinden und im Leben erfolgreich sein, weil ich weiß, dass ich Gottes Gunst und Hilfe immer auf meiner Seite habe.

Persönliche Reflexion

Weißt du, dass du dir die Anerkennung deines himmlischen Vaters nicht erarbeiten oder verdienen musst? Welche Gefühle löst das in dir aus? Wie kannst du dazu beitragen, dass auch deine Kinder sowohl diese Wahrheit als auch deine bedingungslose Liebe zu ihnen kennen und erfahren?

ZUSAGE 41

GOTT SCHENKT MIR GNADE UM GNADE

Gottes Zusagen an mich

Und aus seiner Fülle haben wir alle empfangen Gnade um Gnade.

JOHANNES 1,16 SLT

Mein Wunsch für euch ist, dass Gott euch immer mehr mit seiner Gnade und seinem Frieden beschenkt, sodass ihr Jesus, unseren Gott und Herrn, immer besser kennenlernt.

2. PETRUS 1,2

Gnade, Barmherzigkeit und Friede sei mit euch von Gott, dem Vater, und von dem Herrn Jesus Christus, dem Sohn des Vaters, in Wahrheit und Liebe!

2. JOHANNES 3 SLT

Ein Wort der Ermutigung an mich

Gottes Gnade kommt auf gleiche Weise in unser Leben wie die Wellen, die über die Meeresstrände rollen. Unaufhörlich löst eine Welle die vorherige ab. Der riesige Ozean ist wie eine Momentaufnahme der unerschöpflichen Gnade Gottes.

Fordern Familie und Arbeit dich so sehr, dass deine emotionale oder vielleicht auch schon deine körperliche Gesundheit darunter leidet? Ich möchte dich ermutigen, dich einfach hinzusetzen, deine Augen zu schließen und dir die Wellen vorzustellen, die unaufhörlich auf die Küste zurollen. Anstatt dir Sorgen zu machen und auf eigene Faust für deine Versorgung zu kämpfen, vertraue auf Gottes Gnade und erlebe, wie sie – »Gnade um Gnade« oder Welle um Welle – in die Schwierigkeiten deines Lebens flutet.

Ich habe keinen Zweifel, dass du, wenn du dich Gottes überfließender Gnade unterstellst und sie für dich in Anspruch nimmst, erleben wirst, wie sich die Dinge zu deinen Gunsten verändern. Auf diese Weise kannst du loslassen und Gott machen lassen, lieber Freund. So werden Gottes Wellen der Gnade für dich am wirkungsvollsten sein und dazu führen, dass du auf erholsame Weise göttliche Ergebnisse erlebst und ein stressfreies Leben führst.

Das spreche ich im Glauben aus

Gottes Gnade rauscht in meine Situation genauso unaufhörlich hinein wie die Wellen über das Meeresufer!

Ich danke dem Herrn für seinen Gnade-um-Gnade-Segen, der für mich und meine Familie in meiner Situation mächtig wirkt.

Persönliche Reflexion

Anstatt dich einzeln auf die Probleme zu konzentrieren, die dich bedrängen, konzentriere dich lieber auf Gottes Gnade, die Welle um Welle überall dort hinein flutet, wo du sie brauchst.

ZUSAGE 42

GOTTES GUNST FÄLLT JEDEN MORGEN AUFS NEUE AUF MICH

Gottes Zusagen an mich

Die Gnade des Herrn nimmt kein Ende!
Sein Erbarmen hört nie auf, jeden Morgen ist es neu.
Groß ist seine Treue.

KLAGELIEDER 3,22–23

»Meine Gnade ist alles, was du brauchst.
Meine Kraft zeigt sich in deiner Schwäche.«

2. KORINTHER 12,9

Die Gnade unseres Herrn Jesus Christus sei mit euch!
Amen.

1. THESSALONICHER 5,28 SLT

Ein Wort der Ermutigung an mich

Es ist wichtig, dass wir den Tag mit der richtigen Einstellung beginnen. Ich glaube, dass Gottes Wort uns aus diesem Grund sagt, dass seine barmherzige Liebe und Gunst für uns jeden *Morgen* neu sind.

Unser himmlischer Vater will, dass wir jeden Morgen in dem Bewusstsein aufwachen, dass er uns mit seiner Gnade versorgt – anstatt darüber nachzudenken, was der vor uns liegende Tag von uns fordert. Er will, dass wir sehen, wie seine großzügige Versorgung von seinem Thron zu uns fließt und wie seine Gnade sich über die Herausforderungen des Tages legt, gleich dem Morgentau, der die Felder benetzt.

Wenn du heute also ein Vorstellungsgespräch oder eine Verkaufspräsentation hast, dann halte dir vor Augen, wie deine Situation von Gottes Weisheit, Friede und Gunst umhüllt wird. Erlebe, wie er dich mit den richtigen Worten und den geforderten Konzepten oder Stellungnahmen versorgt.

Beseitige sorgenvolle Gedanken, indem du dich daran erinnerst, dass Gott dich wirklich für *jede* Herausforderung mit seiner Gnade versorgt. Glaube, dass dein himmlischer Vater deine Bedürfnisse bereits gesehen hat und dass seine »taufrische Gnadenration« mehr als ausreichend ist, um dich heute erfolgreich sein zu lassen!

Das spreche ich im Glauben aus

Gottes Barmherzigkeit und Mitgefühl hören nie auf – jeden Morgen sind sie für mich und meine Familie neu da!

Jeden Tag schenkt Gott mir für jede meiner Herausforderungen seine Gnade, seine Weisheit und seinen Frieden. Seine Versorgung ist für alle aufkommenden Erfordernisse mehr als genug.

Persönliche Reflexion

So wie das Gras jeden Morgen von neuem mit Tau benetzt wird, werden auch deine Bedürfnisse oder Schwächen heute mit einer frischen Ration der wunderbaren Gnade Gottes umhüllt. Danke ihm dafür.

ZUSAGE 43

GOTT IST MEIN LIEBENDER ABBA-VATER

Gottes Zusagen an mich

Hab also keine Angst, kleine Herde.
Denn es macht eurem Vater große Freude,
euch das Reich Gottes zu schenken.

LUKAS 12,32

Weil ihr nun Söhne seid, hat Gott den Geist seines Sohnes in eure Herzen gesandt, der ruft: Abba, Vater!

GALATER 4,6 SLT

Ich will ihn beschützen, weil er meinen Namen kennt. Ruft er mich an, so will ich ihn erhören; ich bin bei ihm in der Not, ich will ihn befreien und zu Ehren bringen.

PSALM 91,14–15 SLT

Ein Wort der Ermutigung an mich

Wusstest du, dass Gott von dir in allerersterLinie als Vater gesehen werden möchte? Jesus sagte den Menschen seiner Zeit: »Hab also keine Angst, kleine Herde. Denn es macht *eurem Vater* große Freude, euch das Reich Gottes zu schenken«. Der Apostel Paulus fügt hinzu, dass »Gott den Geist seines Sohnes in eure Herzen gesandt [hat], der ruft: Abba, Vater!«

Ich weiß, dass es für manche von uns schwierig sein mag, Gott als liebenden Vater zu sehen, weil die Beziehung zum leiblichen Vater vielleicht problematisch war. Aber die Wahrheit lautet: Gott *ist* ein liebender Vater. Ein Vater, der sich darüber freut, deine Ängste zu verjagen und dir alle seine Segnungen zu schenken (siehe Lukas 12,32).

Gott möchte, dass du, als gläubiger Christ, dein Leben heute im Geist seines Sohnes führst, dass du die innige Beziehung mit ihm genießt und ihn »Abba-Vater« oder »Papa« nennst! Immer wenn du Angst hast oder Hilfe brauchst, wende dich an deinen himmlischen Vater und spüre dann die Gegenwart und die liebende Umarmung deines Papa-Gottes und die Freude, die er daran hat, sich um deine Bedürfnisse zu kümmern!

Das spreche ich im Glauben aus

Der Gott, der die Himmel und die Erde erschaffen hat, ist mein liebender Abba-Vater!

Ich brauche nicht in Angst zu leben, denn mein Papa-Gott wacht sorgsam über mich und meine Familie und kümmert sich um alle unsere Bedürfnisse.

Persönliche Reflexion

Dein Bild von Gott bestimmt, wie du von ihm empfängst. Siehst du ihn als mächtiges, aber fernes Wesen? Oder als deinen liebenden himmlischen Vater, der dir immer *nahe* und immer *für* dich ist und bereit, seine Kraft einzusetzen, um dir zu helfen?

ZUSAGE 44

GOTT VERWANDELT MEINE HINDERNISSE IN SPRUNGBRETTER

Gottes Zusagen an mich

Und wir wissen, dass für die, die Gott lieben und nach seinem Willen zu ihm gehören, alles zum Guten führt.

RÖMER 8,28

Ist Gott für uns, wer kann gegen uns sein?

RÖMER 8,31 SLT

Noch ehe ich dich im Mutterleib formte, habe ich dich ausersehen, noch ehe du aus dem Mutterschoß hervorkamst, habe ich dich geheiligt.

JEREMIA 1,5 EÜ

Ein Wort der Ermutigung an mich

Im Alten Testament lesen wir davon, wie der Feind in Josefs Brüdern Neid hervorrief und sie dazu anstachelte, Josef als Sklave nach Ägypten zu verkaufen. Doch Gott hatte Josef schon durch einen Traum dazu vorherbestimmt, seine Familie und die damalige Welt vor einer schrecklichen Hungersnot zu retten. Gott gebrauchte alles, womit der Teufel Josef bewarf, als Sprungbretter auf dem Weg zu seiner gottgewollten Bestimmung.

Was will ich damit sagen? Gott hat für dich bereits einen wunderbaren Plan und eine wunderbare Bestimmung, und die Hindernisse oder Herausforderungen, denen du vielleicht gegenüberstehst, sind einfach nur Sprungbretter auf dem Weg zu deiner Bestimmung. Denke immer daran, dass der Gott, der dich berufen hat und deine Bestimmung in seiner Hand hält, auch in der Lage ist, alles zu deinem Guten zusammenwirken zu lassen!

Das spreche ich im Glauben aus

Gott, der mich von Mutterleib an berufen hat, hat einen wunderbaren Plan und eine wunderbare Bestimmung für mich!

Egal, womit der Teufel mich bewirft – Gott verwandelt alles in Sprungbretter auf dem Weg zu der wunderbaren Bestimmung, die er für mich bereithält.

Persönliche Reflexion

Ganz gleich, worum es geht – Kindererziehung, Gesundheit oder Beruf –, sieh deine Hindernisse als Sprungbretter an, denn Gott ist gnädig und treu. Er hat alle Weisheit und Kraft, um alles zu deinem Guten zusammenwirken zu lassen und seine guten Pläne in deinem Leben umzusetzen.

ZUSAGE 45

SO WIE JESUS GESUND IST, BIN ICH ES AUCH

Gottes Zusagen an mich

Hierin ist die Liebe bei uns vollendet worden, dass wir Freimütigkeit haben am Tag des Gerichts, denn wie er ist, sind auch wir in dieser Welt.

1. JOHANNES 4,17 ELB

Denn wir sind Glieder seines Leibes, von seinem Fleisch und von seinem Gebein.

EPHESER 5,30 SLT

Der Geist Gottes, der Jesus von den Toten auferweckt hat, lebt in euch. Und so wie er Christus von den Toten auferweckte, wird er auch euren sterblichen Körper durch denselben Geist lebendig machen, der in euch lebt.

RÖMER 8,11

Ein Wort der Ermutigung an mich

In 1. Johannes 4,17 steht: Wie Jesus ist, sind auch wir in dieser Welt. Früher habe ich folgendermaßen über diesen Vers gepredigt: »So wie Jesus gerecht ist, sind auch wir es in dieser Welt. So wie er unter Gottes ungetrübter Gunst ist und hoch erhoben über Satan, sind auch wir es in dieser Welt.«

Eines Tages sagte der Herr zu mir: »Mein Sohn, wer sagt, dass es hier nur um die Stellung geht? Geh noch weiter – ›So wie Jesus gesund ist, bist auch du es in dieser Welt‹.« Der Herr erklärte mir, dass 1. Johannes 4,17 auch für körperliche Gesundheit gilt. Also predige ich jetzt auch: So wie Jesus gesund ist, sind auch wir es in dieser Welt!

Wir sind Glieder am Körper Jesu – »von seinem Fleisch und von seinem Gebein«. Auf diese Grundlage können wir uns stellen, um unser Leben in seiner göttlichen Gesundheit und Stärke zu führen. Immer wenn du dich also schwach fühlst oder vor einem gesundheitlichen Problem stehst, sprich aus: »So wie Jesus gesund ist, bin auch ich es in dieser Welt« und erwarte, dass sein Auferstehungsleben in dir fließt und dich wieder gesund macht!

Das spreche ich im Glauben aus

So wie Jesus gesund, stark und voller Leben ist, bin auch ich es in dieser Welt!

Ich bin Teil seines Körpers – »von seinem Fleisch und von seinem Gebein« –, darum kann ich auf Jesus bauen und glauben, dass ich als eines seiner Gliedmaße in seiner göttlichen Gesundheit und Stärke lebe.

Sein Geist wohnt in mir und schenkt jedem Teil meines Körpers Auferstehungsleben und Gesundheit.

Persönliche Reflexion

Ganz gleich, um welche gesundheitliche Herausforderung es bei dir gehen mag, denke intensiv über 1. Johannes 4,17 nach. Und danke dem Herrn, dass sein in dir lebender Geist diese Wahrheit sichtbar werden lässt – in jedem Bereich deines Körpers, der Heilung braucht.

ZUSAGE 46

DIE SEGNUNGEN, DIE ICH ÜBER MEINE KINDER AUSSPRECHE, SIND VOLLER KRAFT

Gottes Zusagen an mich

Tod und Leben stehen in der Macht der Zunge.

SPRÜCHE 18,21 EÜ

Es heißt doch in der Heiligen Schrift: »Wer sich am Leben freuen und gute Tage erleben will, der achte auf das, was er sagt. Keine Lüge, kein gemeines Wort soll über seine Lippen kommen.

1. PETRUS 3,10 HFA

Der Gerechte führt sein Leben in seiner Rechtschaffenheit; gesegnet (zufrieden, glücklich, beneidenswert) sind seine Kinder nach ihm!

SPRÜCHE 20,7 AMP

Ein Wort der Ermutigung an mich

Als König und Priester in Christus (siehe Offb 1,6) haben deine Worte Kraft. Als Vater hast du das große Privileg, diese Kraft zu nutzen, um deine Kinder zu segnen, ihnen ein Gespür für Gottes Liebe und Gegenwart zu geben und ihre Zukunft positiv zu beeinflussen.

Hier ist ein Beispiel dafür, wie du deine Kinder jeden Morgen segnen kannst. Sprich diese Worte im Glauben mit Hoffnung und Liebe über sie aus:

Der Herr segne dich und behüte dich. Der Herr lasse sein Angesicht über dir leuchten und sei dir gnädig. Sein Friede und seine Gunst mögen dich umgeben wie ein Schild und dich immer zur richtigen Zeit an den richtigen Ort bringen, um dich zu segnen, zu beschützen und zu leiten. Du bist der Kopf und nicht der Schwanz; immer oben und nicht unten; einer, der anderen leihen kann und selbst nichts leihen muss. Du wirst wachsen – in Ansehen, in der Weisheit des Herrn und in der Gunst bei Gott und Menschen. Amen!

Mein Freund, nutze deine Worte, um deine Kinder aufzubauen – und erlebe, wie sie zur Ehre Gottes zu Überwindern und Siegern werden!

Das spreche ich im Glauben aus

Meine Worte sind voller Kraft, weil ich ein König und Priester bin – durch Christus Jesus, meinen Herrn.

Ich werde über meine Kinder Worte des Glaubens, der Hoffnung und der Liebe aussprechen, um sie in Gottes Liebe aufzubauen und ihnen eine zuversichtliche Erwartung von Gutem zu geben!

Meine Kinder sind gesegnet, zufrieden und glücklich, weil der Herr sie liebt und eine wunderbare Bestimmung für sie bereithält!

Persönliche Reflexion

Da du jetzt weißt, dass deine Worte voller Kraft sind, gibt es irgendwelche positiven Worte oder Segnungen, die du gerne über deine Kinder aussprechen würdest? Schreibe sie auf.

ZUSAGE 47

DURCH MEINE WORTE SEGNET UND BESTÄTIGT GOTT MEINE KINDER

Gottes Zusagen an mich

Nicht ihr habt mich erwählt, sondern ich habe euch erwählt und euch dazu bestimmt, dass ihr hingeht und Frucht bringt und eure Frucht bleibt, damit der Vater euch gibt, was auch immer ihr ihn bitten werdet in meinem Namen.

JOHANNES 15,16 SLT

Seid gnädig mit euren Worten. Das Ziel eines Gesprächs ist, das Beste in anderen zum Vorschein zu bringen, und nicht, sie niederzumachen und auszustechen.

KOLOSSER 4,6 MSG

Verzichtet auf schlechtes Gerede, sondern was ihr redet, soll für andere gut und aufbauend sein, damit sie im Glauben ermutigt werden. … Seid stattdessen freundlich und mitfühlend zueinander und vergebt euch gegenseitig, wie auch Gott euch durch Christus vergeben hat.

EPHESER 4,29.32

Ein Wort der Ermutigung an mich

Ich kann gar nicht genug betonen, wie wichtig es ist, unseren Kindern gegenüber Worte der Gnade zu gebrauchen. Vielleicht hast du ein willensstarkes Kind, das immer wieder in Schwierigkeiten gerät. Oder vielleicht hat dein Kind eine Lernschwäche und deswegen ein geringes Selbstwertgefühl.

Wenn alle anderen deinem Kind sagen, wie unfähig es ist, wenn du von seinen Lehrern nur Beschwerden hörst – »Soundso hat schon wieder seine Hausaufgaben nicht gemacht« –, dann kannst du derjenige sein, der im Leben deines Kindes etwas Positives bewirkt!

Bei einem Kind, das sich immer wieder schwierig verhält, bist du vielleicht dazu geneigt, öfter zu schimpfen als zu segnen. Aber lass dein Zuhause ein sicheres und liebevolles Umfeld sein. Dein Kind soll sich in deiner Nähe angenommen fühlen, indem es hört, wie du Worte der Liebe, Annahme und Ermutigung aussprichst.

Ihr Väter, es ist so wichtig, dass ihr Folgendes versteht: Was eure Kinder von euch hören, beeinflusst sie stärker als das, was sie von Gleichaltrigen und anderen Menschen hören. Gott hat dich auserwählt und hat dir deine kostbaren und einzigartigen Kinder geschenkt. Verlass dich auf Gottes Gnade – er wird dir zeigen, wie du deine Kinder mit deinen Worten lieben kannst!

Das spreche ich im Glauben aus

Gott hat mir jedes einzelne meiner Kinder geschenkt, damit ich sie liebe – und das kann ich durch meine Worte tun.

Ich bewirke einen Unterschied im Leben meiner Kinder, wenn ich die negativen Worte, die sie zu hören bekommen haben, mit positiven Worten überschreibe, die auf Gottes Wort beruhen.

Wenn unser Zuhause ein liebevolles Umfeld ist, das mit gnädigen Worten gefüllt ist, werde ich in meinen Kindern zweifellos das Beste zum Vorschein bringen.

Persönliche Reflexion

Harte Worte sind sehr verletzend, und die Heilung der zugefügten Wunden dauert lange. Bitte Gott heute darum, dass er dir gnädige Worte schenkt, die deine Kinder aufbauen und das Beste in ihnen zum Vorschein kommen lassen.

ZUSAGE 48

FÜR ALLE BEDÜRFNISSE MEINER KINDER GIBT ES ÜBERMÄSSIGE GNADE

Gottes Zusagen an mich

Doch der Herr hat zu mir gesagt: »Meine Gnade ist alles, was du brauchst, denn meine Kraft kommt gerade in der Schwachheit zur vollen Auswirkung.« Daher will ich nun mit größter Freude und mehr als alles andere meine Schwachheiten rühmen, weil dann die Kraft von Christus in mir wohnt. … Denn gerade dann, wenn ich schwach bin, bin ich stark.

2. KORINTHER 12,9–10 NGÜ

»Denn ich weiß genau, welche Pläne ich für euch gefasst habe«, spricht der Herr. »Mein Plan ist, euch Heil zu geben und kein Leid. Ich gebe euch Zukunft und Hoffnung.«

JEREMIA 29,11

Der Same [d. h. die Nachkommen] der Gerechten wird errettet.

SPRÜCHE 11,21 SLT

Ein Wort der Ermutigung an mich

Für manche Väter könnte dies ein alltägliches Szenario sein: Du bist bei der Arbeit und bekommst einen Anruf. Vielleicht vom Lehrer deines Kindes oder von der Polizei. Dein Kind hat es wieder einmal geschafft, sich in Schwierigkeiten zu bringen. Du bist frustriert und weißt einfach nicht mehr, wie du mit dem Verhalten deines Kindes umgehen sollst.

Mein Freund, es geht weder darum, schlechtes Verhalten zu entschuldigen noch darum, deinem Kind die benötigte Hilfe vorzuenthalten. Aber kann ich dich zu dem Glauben ermutigen, dass Gottes unerschöpfliche Gnade mehr als ausreichend ist für jedes menschliche Versagen, das du in deinem Kind siehst? Gottes Wort verspricht, dass seine Kraft in unserer Schwäche zur vollen Entfaltung kommt.

Trage diese Wahrheit in deinem Herzen. Und höre nie auf, Gott zu vertrauen und ihm dafür zu danken, dass er durch seine Gnade einen Wandel in deinem Kind bewirken kann. Denn er hat einen wunderbaren Plan für dein Kind. Sage: »Herr, auch wenn ich es jetzt vielleicht nicht sehe, aber ich danke dir, dass du für mein Kind einen großartigen Plan hast und dass du treu bist, diesen Plan Wirklichkeit werden zu lassen.«

Das spreche ich im Glauben aus

Gott hat versprochen, dass ich für jede schwierige Lage mit meinem Kind nur seine Gnade brauche. Und ich entscheide mich, in Gottes Wort zu ruhen.

Ich danke dem Herrn, dass er in __________ (sage den Namen deines Kindes) das Beste sieht und für mein Kind einen großartigen Plan und eine wunderbare Zukunft bereithält.

Persönliche Reflexion

Schreibe auf, was du dir für die Zukunft deines Kindes/deiner Kinder erhoffst. Übergib diese Hoffnungen dem Herrn und glaube, dass er sie zu seiner Zeit Wirklichkeit werden lässt.

ZUSAGE 49

JEDEN TAG SCHENKT GOTT MIR KRAFT

Gottes Zusagen an mich

Er gibt den Erschöpften neue Kraft;
er gibt den Kraftlosen reichlich Stärke.

JESAJA 40,29

So bist du, Gott, doch allezeit meine Stärke –
ja, du bist alles, was ich brauche!

PSALM 73,26 HFA

Denn so spricht der allmächtige Herr, der Heilige Israels: »Durch Umkehr und Ruhe könntet ihr gerettet werden. Durch Stillsein und Vertrauen könntet ihr stark sein.

JESAJA 30,15

Ein Wort der Ermutigung an mich

Bist du jeden Abend einfach nur vollkommen erschöpft? Vielleicht stehst du schon vor Sonnenaufgang auf, um für dein Kind das Frühstück und das Mittagessen zum Mitnehmen vorzubereiten. Dann hetzt ihr zur Schule, und danach hetzt du weiter zur Arbeit.

Dort musst du mehrere Aufgaben mit unterschiedlichen Fertigstellungsterminen gleichzeitig jonglieren. Wenn du dann nach Arbeitsschluss dein Kind abholst, bist du eigentlich schon total erledigt. Aber zu Hause müssen noch das Abendessen vorbereitet, Wäscheberge gewaschen und diverse liegengebliebene Hausarbeiten verrichtet werden!

Mein Freund, ich weiß, dass es wirklich hart sein kann – insbesondere dann, wenn man alleinerziehend ist. Ich möchte dich daher ermutigen, dich immer darauf zu verlassen, dass der Herr dir Kraft schenkt und dir die Weisheit gibt, die richtigen Prioritäten zu setzen und zur richtigen Zeit das Richtige zu tun. Sage im Laufe des Tages immer wieder: »Herr, du bist meine Kraft und Weisheit. Schütze mich und leite mich.«

Wenn du dich auf Gott verlässt und deine Sorgen an ihn abgibst, wirst du eine innere Ruhe und ein Vertrauen in deinen unermüdlichen Gott erleben, die dich in aller Stille und voller Kraft durch jede Anforderung tragen werden.

Das spreche ich im Glauben aus

Der Herr ist meine Ruhe und meine Kraft.
Er schützt und erhält mich.

Sowohl in meinem Alltag als auch in neuen Herausforderungen ist Gott meine Versorgung, meine Weisheit und meine Befähigung.

Persönliche Reflexion

Nimm dir etwas Zeit, um den Herrn zu fragen, was dich wirklich müde macht, und gib es im Gebet an ihn ab. Bitte ihn um Klarheit, Kraft und seine Gnade – und vertraue darauf, dass er sich treu an seine Zusage hält, dich zu erhalten und zu stärken.

ZUSAGE 50

WENN ES HART AUF HART KOMMT, KANN ICH ZU JESUS KOMMEN

Gottes Zusagen an mich

Darauf sagte Jesus: »Kommt, wir ziehen uns an einen einsamen Ort zurück, wo ihr euch ausruhen könnt.«

MARKUS 6,31

Lasst uns deshalb zuversichtlich vor den Thron unseres gnädigen Gottes treten. Dort werden wir Barmherzigkeit empfangen und Gnade finden, die uns helfen wird, wenn wir sie brauchen.

HEBRÄER 4,16

Du wirst den in vollkommenem Frieden erhalten, dessen Sinn fest auf dich ausgerichtet ist, denn er vertraut auf dich.

JESAJA 26,3 NKJV

Ein Wort der Ermutigung an mich

Das Familienleben kann überwältigend erscheinen, weil man so viele verschiedene Funktionen übernimmt: verantwortungsbewusster Vater, Erzieher, Familienvorbild, liebender Ehemann, unermüdlicher Spielkamerad, Fernfahrer, Mann für alles zu jeder Zeit, fleißiger Brötchenverdiener.

Wenn dir die Last zu schwer erscheint, möchte ich dich ermutigen, mit Jesus spazieren zu gehen – und ihm dein Herz auszuschütten. Echte Männer weinen nämlich sehr wohl! Und ihre öffentlich wahrnehmbare Stärke kommt aus den privaten Zeiten der Schwäche, die sie in der Gegenwart des Herrn verbracht haben.

Geh also an einem ruhigen Ort mit dem Herrn spazieren und rede mit ihm – dem *einen* Freund, auf den du dich immer verlassen kannst. Das ist Glaube in Aktion. Das ist Gebet in seiner reinsten Form. Und weißt du was? Er wird dich nicht nur ausreden lassen, sondern wird dich außerdem von innen heraus stärken und seine Weisheit in dich legen.

Wenn du die Last deiner Sorgen und Probleme auf ihn geworfen hast, wirst du dich leichter und entspannter fühlen. So wirst du als Vater am Ball bleiben und das Ziel erreichen können. Wenn es hart auf hart kommt, lege all das Harte in Jesu mächtige Hände!

Das spreche ich im Glauben aus

Wenn die vielen Aufgaben und Verpflichtungen als Vater mich belasten, kann ich zu Jesus kommen – denn er hört, versteht und stärkt mich.

Er hört mich und wird mich von jeder Last und Unruhe befreien.

Ich kann stressfrei leben, dranbleiben und ans Ziel kommen, weil ich Jesus habe – den einen Freund, auf den ich immer zählen kann!

Persönliche Reflexion

Während seines irdischen Dienstes ging Jesus oft an einsame Orte, um mit seinem Vater zu reden und von ihm gestärkt zu werden. Wenn schon Jesus das tun musste, wie viel mehr müssen es dann du und ich tun? Nimm dir etwas Zeit, um in Jesu Gegenwart zu sein, und erzähle deinem liebevollen Retter von allem, was dich belastet.

Gebet für deine Errettung

Wenn du alles empfangen willst, was Jesus für dich getan hat, und ihn zu deinem Herrn und Retter machen möchtest, bete bitte dieses Gebet:

Herr Jesus, danke, dass du mich liebst und für mich am Kreuz gestorben bist. Dein kostbares Blut wäscht mich von jeder Sünde rein. Du bist jetzt und für immer mein Herr und mein Retter. Ich glaube, dass du von den Toten auferstanden bist und heute lebst. Wegen deines vollbrachten Werkes bin ich jetzt ein geliebtes Kind Gottes und der Himmel ist mein Zuhause. Danke, dass du mir ewiges Leben gibst und mein Herz mit deinem Frieden und deiner Freude erfüllst. Amen.

Wir würden gerne von dir hören

Wenn du das Gebet für deine Errettung gebetet hast oder uns nach dem Lesen dieses Buches gerne ein Zeugnis erzählen möchtest, schreib uns:

www.JosephPrince.de/Zeugnis

Abendmahlsgebet

Wenn du das Abendmahl nimmst, sieh und erkläre immer wieder, wie du durch Jesu Striemen geheilt wurdest und wie sein Blut alle deine Sünden weggespült und dich mit dem Recht versehen hat, seine Heilung und Gesundheit zu empfangen.

Halte das Brot in deiner Hand und sage dies:

Danke, Jesus, für deinen zerbrochenen Leib. Danke, dass du am Kreuz meine Symptome und Krankheiten getragen hast, damit ich deine Gesundheit und dein Heil-Sein besitzen kann. Ich erkläre, dass ich durch deine Wunden, durch die Schläge, die du ertragen hast, durch die Hiebe, die auf deinen Rücken fielen, vollkommen geheilt bin. Ich glaube und empfange heute dein Auferstehungsleben für meinen Körper. (Iss das Brot.)

Nimm danach den Kelch in deine Hand und sage dies:

Danke, Jesus, für dein Blut, das mich weißer gewaschen hat als Schnee. Dein Blut hat mir Vergebung gebracht und mich für immer gerecht gemacht. Und während ich trinke, feiere ich das Erbe der Gerechten, das Bewahrung, Gesundheit, Heil-Sein und alle deine Segnungen beinhaltet, und nehme es in mich auf. (Trink den Wein.)

Danke, Jesus, ich liebe dich, weil du mich zuerst geliebt hast.

Bleibe mit Joseph in Kontakt

Über die folgenden Social-Media-Kanäle kannst du mit Joseph in Kontakt bleiben und täglich inspirierende Impulse (in englischer Sprache) erhalten:

Facebook.com/JosephPrince
Twitter.com/JosephPrince
Youtube.com/@JosephPrince
Instagram: @JosephPrince

Kostenlose tägliche E-Mail-Andachten

Trage dich unter **JosephPrince.de/Andachten** in den Verteiler für Josephs kostenlose E-Mail-Andachten ein und erhalte jeden Tag kurze Botschaften, die dir helfen, in der Gnade zu wachsen.

Gnadenzusagen für Mütter

Kinder sind ein Geschenk Gottes, aber er weiß, dass Muttersein auch stressig sein kann. Deshalb lädt er dich ein, aus den wunderbaren Verheißungen in seinem Wort Kraft zu schöpfen! Lebenspendende Bibelstellen und kurzen Andachtstexten über Erziehung und Ehe richten dich auf, geben dir Ruhe und lassen dein Herz zuversichtlich Gutes erwarten!

168 Seiten
Auch als E-Book erhältlich.

Heilungszusagen

»Heilungszusagen« nimmt dich mit in das Herz deines Herrn Jesus und zeigt dir seine Barmherzigkeit und Bereitschaft, dich zu heilen. Erkenne anhand von Gottes Wort, dass du in der Gnade unseres Herrn ruhen darfst, der selbst alles für dich getan hat, damit du geheilt werden kannst.

248 Seiten
Auch als E-Book erhältlich.

Versorgungszusagen

Werde von den »Versorgungszusagen« deines himmlischen Vaters ermutigt und erfrischt. Glaubensstärkende Anregungen werden deine Offenbarung über die Gnade Jesu und sein überfließendes Leben erweitern. Meditiere über die Zusagen deines himmlischen Vaters und empfange mehr von ihm.

248 Seiten
Auch als E-Book erhältlich.

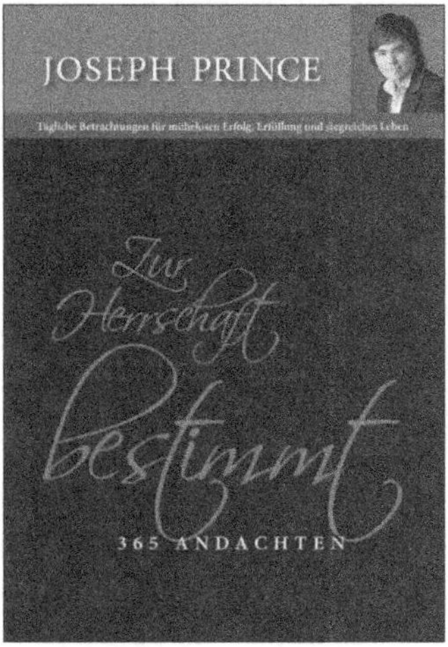

Zur Herrschaft bestimmt
365 Andachten

Tägliche Betrachtungen für mühelosen Erfolg, Erfüllung und siegreiches Leben

Ein siegreiches Leben, das vor Segen überfließt – das hält Gott für uns bereit. Die glaubensstärkenden Andachten von Pastor Joseph Prince helfen dir, in der Gnade Gottes zu leben und darin zu wachsen. Behandelt werden praktische Themen wie Weisheit, Heilung, Versorgung und Schutz.

384 Seiten, gebunden mit Lesebändchen
Auch als E-Book erhältlich.